한문 공부의 시작, 고전의 명문장

한문 공부의 시작,

고전의
명문장

이규일 **지음**

솔빛길

머리말

　이 책은 중문학의 기초 교육을 위한 교재로 편찬되었다. '한문 공부'라는 제목은 중국 문학 작품의 원문 강독을 위한 기본 지식 학습이라는 면과 중국어 독해 능력 향상을 위한 어학 공부라는 면을 함께 포함하고 있다. 이 책의 본문을 통해 접하는 역사적 사건, 인물, 담론 등을 통해 중국학 기초를 다지는 데에도 중점이 있고, 짧은 문장의 구조를 분석적으로 학습하면서 한문의 어순과 문법의 특징을 파악하는 데에도 중점이 있기 때문이다.

　우리가 말하는 한문(漢文)이라는 개념을 중국에서는 고문(古文), 문언문(文言文)이라고 부른다. 보통 한문이라고 하면 한나라 때의 글이라고 생각한다. 고문은 고대에 사용하던 중국어인 동시에 현대 중국어의 수준 높은 표현 방식이다. 많은 학습자들이 중국어 능력의 향상을 위해 HSK 기출문제의 독해 지문이나 중국 신문의 사설을 읽지만 한문 교육을 통해 익힐 수 있는 고전 명언들은 사실 고급 중국어다. 중국에서는 초등학교 1학년 때부터 당시를 외우고 5~6학년이 되면 선진(先秦) 산문의 우언(寓言) 같은 쉬운 고문을 공부하기 시작한다. 고전 명구를 암송하는 것은 중국의 교육에서 중요한 부분이며 대학 입시에서도 고전 명구를 외워 쓰는 주관식 문제가 출제된다. 앞으로도 이런 추세는 계속 강화될 것이며 중국 미래 세대들의 언어에서 고전의 비중은 더욱 커질 것이다. 지금 중국의 정치인들이 고전의 성어나 명구를 통해 자국의 외교적 메시지를 전달하는 것도 중국식 커뮤니케이션의 전형적인 방식이라 할 수 있다. 우리의 한문 교육이 중국어 학습과 전혀 별개의 것이 아니라는 인식에서 출발하여, 한문을 통해 중국어 문장의 구조를 익히고 고급 중국어 학습의 초석을 다질 수 있기를 바라는 것이 필자의 마음이다.

이 책은 총 18과로 되어 있으며 한 과는 〈단문〉 4개, 〈문장 이해〉의 장문 2개, 〈한시〉 1수로 구성되어 있다. 최대한 고등학교 한문 교과서의 난이도와 이어질 수 있는 수준의 원문을 선별했으며 중국 고전에 대한 이해를 넓힐 수 있도록 다양한 문헌에서 수록했다. 대부분 중국의 명구, 명문들이기 때문에 이 문장들을 익혀 중국어 회화에서 활용할 수 있다면 좋겠다. 한 과의 내용을 구성하면서 우선적으로 고려한 것은 한문 독해를 위해 필요한 문법적 요소였다. 예를 들면 於(어조사 어), 而(말 이을 이), 則(곧 즉)처럼 쓰임이 많은 허사들을 초반에 배치했고 후반으로 가면서 이를 반복할 수 있도록 구성했다.

원문의 한자 독음을 표기하면서 동시에 중국어 발음도 표기했는데 이는 고급 중국어 학습과 연계된 한문 교육을 지향한다는 집필 원칙이 반영된 것이다. 원문마다 〈어휘 설명〉과 〈어법 설명〉을 두어 주요 단어들이 문장에서 활용되는 방식에 대한 이해를 돕도록 했다. 〈어법 설명〉에서 설명하는 내용들은 주로 한문 허사들의 용법인데 사실 이것들은 중급 이상의 중국어에서 보편적으로 등장하는 단어들이다. 용례로 제시된 예문들도 널리 알려진 명구이면서 해당 용법을 정확하게 설명할 수 있는 문장들로 선별했다. 또 〈해설〉에서 본문의 내용에 대해 설명했는데 지면의 제한이 있긴 하지만 최대한 핵심적인 정보를 제공하고자 했다. 〈갑골문과 중국 문화〉, 〈중국 문화 지식〉은 중국 문화 학습을 위한 기초 지식에 해당하는 내용들이다. 본문 내용에 대해 더 많은 흥미와 이해가 더해지길 바란다.

이 책을 집필하면서 여러 번 수정과 교정의 과정을 거쳤지만 예상하지 못한 오류가 있을 것이다. 특히 중국어 발음 표기가 그러하다. 독자 제현의 지적을 바란다. 그리고 우리 학생들이 이 책을 통해 한문 공부의 즐거움을 느낄 수 있기를, 이 책에서 익힌 문장들이 우리의 중국어 능력을 한층 높은 곳으로 인도할 수 있기를 기대한다.

2025년 1월
국민대학교 북악관에서
이 규 일

차 례

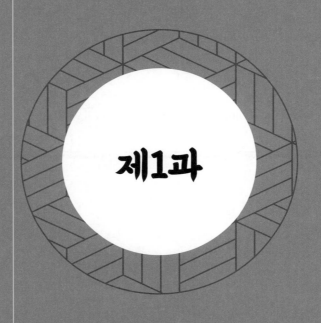

제1과

01

良藥苦於口而利於病[1], 忠言逆於耳而利於行[2].
양 약 고 어 구 이 리 어 병　　충 언 역 어 이 이 리 어 행

『孔子家語』
공 자 가 어

liáng yào kǔ yú kǒu ér lì yú bìng, zhōng yán nì yú ěr ér lì yú xíng.

어휘 설명

1) 良藥(양약) : 좋은 약 | 苦(고) : 쓰다, 괴롭다 | 利(이) : 이롭다
2) 忠言(충언) : 충성스러운 말, 진심에서 나온 말 | 逆(역) : 거스르다. 順(순)에 상대되는 말로,
　　물을 거슬러 올라가는 것

어법 설명

(1) 而(이) : 말을 이어주는 용법으로 역접, 순접 모두 가능하다.
　　① (순접) 그리고, 그래서 등으로 해석한다.
　　　學而時習之(학이시습지) 배우고 때때로 그것을 익힌다.

② (역접) 그러나, 그런데 등으로 해석한다.

樹欲靜而風不止(수욕정이풍부지) 나무는 고요하고자 하나 바람이 그치지 않는다.

(2) 於(어)

① ~에, ~에서

千里之行, 始於足下(천리지행, 시어족하) 천리길도 발 아래에서 시작된다.

② ~에게

己所不欲, 勿施於人(기소불욕, 물시어인) 자기가 싫어하는 것을 남에게 행하지 말라.

③ (비교) ~보다

霜葉紅於二月花(상엽홍어이월화) 서리 내린 잎이 이월의 꽃보다 붉다.

우리말 해석

좋은 약은 입에 쓰지만 병에 이롭고, 충언은 귀에 거슬리지만 행동에 이롭다.

해 설

『공자가어』 : 춘추 시기 공자(孔子)와 제자들의 언행을 기록한 책으로『논어』에 포함되지 않은 일화가 많아 공자 사상 연구에 중요한 가치가 있다. 『사기·유후세가』에도 이 구절이 등장한다. 유방이 진나라 궁궐을 점령하고 주색과 유흥에 빠지자 장량이 정신 차리라는 직간을 올리며 이 말을 했다.

02

至誠則金石爲開[1].
지 성 즉 금 석 위 개

『西京雜記』
서 경 잡 기

zhì chéng zé jīn shí wéi kāi.

어휘 설명

1) 至(지) : 지극, 지극한 | 誠(성) : 정성, 정성스럽다. 성실 | 爲開(위개) : 열리다, 쪼개지다

어법 설명

(1) 至(지)

① 지극하다

至樂莫如讀書(지락막여독서) 지극한 즐거움은 독서만 한 것이 없다.

② 이르다, 도착하다

君有妬臣則賢人不至(군유투신즉현인부지) 군주에게 질투하는 신하가 있으면 현인이 오지 않는다.

(2) 則(칙, 즉)

　① (칙) 법칙, 원칙

　　地不易其則(지불역기칙) 땅은 그 법칙을 바꾸지 않는다.

　② (즉) (가정) ~하면

　　水至淸則無魚(수지청즉무어) 물이 너무 맑으면 물고기가 없다.

　③ (즉) (강조) 주어 뒤에 위치하여 주어를 강조한다.

　　此則余之罪也(차즉여지죄야) 이는 나의 죄이다.

우리말 해석

지성이면 쇠와 바위도 열린다.

해 설

『서경잡기』: 한나라 때 유흠(劉歆, B.C.53?~B.C.25?)이 쓴 필기소설집. 서한의 역사, 인물, 지리, 풍속 등 다양한 이야기가 수록되었다. 여기서 서경(西京)은 서한의 수도 장안〔長安, 지금의 섬서성 서안(西安)〕을 말한다. 본문의 내용은 명장 이광이 호랑이인 줄 알고 바위를 쏘아 꿰뚫었다는 일화에 한대의 사상가 양웅(揚雄)이 감탄한 말이다.

03

君子以文會友¹⁾, 以友輔仁²⁾.
군 자 이 문 회 우   이 우 보 인

『論語 · 顏淵』
논 어   안 연

jūn zi yǐ wén huì yǒu, yǐ yǒu fǔ rén.

어휘 설명

1) 君子(군자) : 유가에서 가장 이상적으로 생각하는 인격의 호칭 | 文(문) : 글, 학문 |
   會(회) : 모으다
2) 輔(보) : 돕다, 보좌하다 | 仁(인) : 어짊, 인자함. 유가에서 가장 이상적으로 생각하는 도덕적
   가치

어법 설명

以(이)

① (도구) ~로써, ~을 가지고

以熱治熱(이열치열) 열로 열을 다스린다.

② (앞의 내용을 받아) 그렇게 함으로써

殺身以成仁(살신이성인) 자신을 희생하여 인(仁)을 이룬다.

군자는 학문으로 벗을 모으고, 벗으로 인을 돕는다.

해 설

『논어』: 춘추 시대 공자(B.C. 551~B.C. 479)의 언행록으로 공자 사후에 제자들이 공동 편찬했다. 공자의 핵심 사상인 인(仁)과 예(禮)를 강조하고 있으며 윤리와 도덕에 기초한 인본주의 사회를 이상적으로 본다. 유가 경전으로『맹자』,『대학』,『중용』과 함께 사서(四書)의 하나이며 모두 20개의 편장으로 구성되어 있다. 매 편장의 처음 2, 3글자를 뽑아 편장의 제목으로 삼았다.

04

積善之家[1], 必有餘慶[2]. 積不善之家, 必有餘殃[3].
적 선 지 가   필 유 여 경   적 불 선 지 가   필 유 여 앙

『周易』
주 역

jī shàn zhī jiā, bì yǒu yú qìng. Jī bú shàn zhī jiā, bì yǒu yú yāng.

어휘 설명

1) 積(적) : 쌓다 | 善(선) : 선행, 착한 일
2) 餘慶(여경) : 남아 넘치는 경사
3) 餘殃(여앙) : 남아 넘치는 재앙

어법 설명

之(지)

① (동사) 가다

牛何之(우하지) 소는 어디로 가는가?

② (관형격 조사) ~의

是誰之過與(시수지과여) 이것은 누구의 잘못인가?

③ (지시 대명사) 그, 그것

學而時習之(학이시습지) 배우고 때때로 그것을 익힌다.

선행을 쌓은 집안에는 반드시 넘치는 경사가 있고 선행을 쌓지 않은 집안에는 반드시 넘치는 재앙이 있다.

『주역』 : 유가 경전으로 오경(五經) 중의 하나. 『역경(易經)』, 또는 『역(易)』이라고도 부른다. 서주 말기에서 춘추 초기(B.C. 700년경)에 지어졌다고 추정되며 64괘(卦)와 384효(爻)로 구성되어 있다. 고대 중국인들의 우주와 세계의 변화에 대한 인식을 반영하고 있다. 餘(여)는 아무리 써도 다 쓰지 못하고 남는다는 의미이므로 실제로는 많다는 뜻이다. 魚(어, yú)와 중국어 발음이 같아 중국에서는 물고기를 길한 동물로 여긴다.

제2절 문장 이해

01 道傍苦李(도방고리)

王戎七歲[1], 嘗與諸小兒遊. 看道邊李樹多子折枝[2].
왕융칠세   상여제소아유   간도변리수다자절지

諸兒競走取之[3], 惟戎不動. 人問之, 答曰,
제아경주취지   유융부동   인문지   답왈

"樹在道邊而多子, 此必苦李[4]." 取之信然[5].
수재도변이다자   차필고리   취지신연

『世說新語 · 雅量』
세설신어   아량

wáng róng qī suì, cháng yǔ zhū xiǎo ér yóu. kàn dào biān lǐ shù duō zǐ zhé zhī.
zhū ér jìng zǒu qǔ zhī, wéi róng bú dòng. rén wèn zhī, dá yuē,
"shù zài dào biān ér duō zǐ, cǐ bì kǔ lǐ." qǔ zhī xìn rán.

1) 王戎(왕융) : 위진 시기 세가 대족인 낭야 왕씨 가문 출신으로 죽림칠현(竹林七賢)의 일원이다.

2) 看(간) : 보다 ▌ 道邊(도변) : 길가 ▌ 李樹(이수) : 오얏(자두) 나무 ▌ 子(자) : 열매 ▌

　折枝(절지) : 가지를 부러뜨리다, 가지가 휘어지다

3) 競走(경주) : 다투어 뛰다 ▌ 取(취) : 취하다, 갖다

4) 此(차) : 이, 이것, 이 사람, 여기

5) 信(신) : 진실로 ▌ 然(연) : 그렇다

(1) 嘗(상)

　　① 맛보다

　　　飮食亦嘗膽也(음식역상담야) 마시고 먹을 때에도 쓸개를 맛보았다.

　　② 일찍이 ~한 적 있다

　　　吾嘗終日而思矣 (오상종일이사의) 나는 일찍이 종일 생각만 한 적이 있다.

(2) 與(여)

　　① 주다

　　　吾與人也, 如棄之(오여인야, 여기지) 나는 남에게 주는 것을 버리는 것처럼 한다.

　　② ~와, 더불다, 함께 하다

　　　禍與福同門(화여복동문) 화와 복은 같은 문에서 나온다.

(3) 諸(제, 저)

　　① (제) 모든, 여러

　　　諸人皆懼而起(제인개구이기) 여러 사람들이 모두 두려워 일어났다.

② (저) 之於(지어)의 축약형. 이때 '之(지)'는 주로 지시 대명사이므로 '~에 그를', '~에서 그를' 등으로 해석된다.

行有不得, 反求諸己(행유부득 반구저기) 행하여 얻지 못하거든 돌이켜 자기에게서 그것을 구한다.

우리말 해석

길가의 쓴 자두

왕융이 일곱 살 때 다른 아이들과 놀고 있었는데 길가의 오얏나무에 열매가 많아 가지가 휘어진 것을 보았다. 아이들이 다투어 달려가 땄지만 오직 왕융만 움직이지 않았다. 누가 묻자 "나무가 길가에 있고 열매가 많은데 이는 틀림없이 쓴 오얏일 것입니다"라고 말했다. 가져와 보니 정말 그러했다.

해 설

『세설신어』: 남조 송(宋)나라 때 유의경(劉義慶, 403~444)이 쓴 소설집. 한말(漢末)에서 동진까지 상류 문벌 귀족들의 언행과 일화를 상세히 기록했다. 구전되는 이야기를 기록했으며 후대 필기문학의 발전에 많은 영향을 주었다. 위 이야기는 위진 시기 죽림칠현(竹林七賢)의 일원이었던 왕융(王戎)의 일화로 그가 어린 시절 총명하고 관찰력이 뛰어났음을 보여준다. 당시 권력 투쟁이 격렬해지고 정국이 혼란해지자 왕융은 높은 관직에 있으면서도 정무를 돌보지 않고 산수 유람을 즐긴 것으로 유명하다.

02 鴻鵠之志(홍곡지지)

陳涉少時¹⁾, 嘗與人傭耕²⁾, 輟耕之壟上³⁾, 悵恨久之⁴⁾,
진섭소시　　상여인용경　　철경지롱상　　창한구지

曰, "苟富貴, 無相忘⁵⁾." 傭者笑而應曰⁶⁾, "若爲傭耕⁷⁾,
왈　　구부귀　무상망　　용자소이응왈　　약위용경

何富貴也?" 陳涉太息曰⁸⁾, "嗟乎⁹⁾, 燕雀安知鴻鵠之志哉¹⁰⁾!"
하부귀야　　진섭태식왈　　차호　　연작안지홍곡지지재

『史記·陳涉世家』
사기　진섭세가

chén shè shào shí, cháng yǔ rén yōng gēng, chuò gēng zhī lǒng shàng, chàng hèn jiǔ zhī,
yuē, "gǒu fù guì, wú xiāng wàng." yōng zhě xiào ér yìng yuē, "ruò wéi yōng gēng, hé fù guì yě?" chén shè tài xī yuē, "jiē hū, yàn què ān zhī hóng hú zhī zhì zāi!"

어휘 설명

1) 陳涉(진섭, ?~B.C. 209) : 진나라 말기 농민 반란을 일으켜 왕이 된 인물. 진승(陳勝)
2) 傭耕(용경) : 품팔이로 남의 논밭을 갈다.
3) 輟(철) : 그만두다, 쉬다 | 壟(롱) : 밭두둑
4) 悵恨(창한) : 슬퍼하고 원망하다. 여기서는 낙심하여 한탄하는 것을 말한다.
5) 無(무) : 없다. 여기서는 '勿(물)'과 같은 금지의 의미(~하지 말라)로 사용되었다.

6) 笑而應(소이응) : 웃으며 응답하다

7) 若(약) : 너, 곧 그대를 의미하는 2인칭 대명사

8) 太息(태식) : 크게 탄식하다

9) 嗟乎(차호) : 감탄사

10) 燕雀(연작) : 제비와 참새 | 鴻鵠(홍곡) : 기러기와 고니. 몸집이 큰 새를 말한다.

어법 설명

(1) 苟(구)

    ① 구차하다

        苟全性命於亂世(구전성명어난세) 난세에 구차하게 생명을 보존했다.

    ② 만약

        苟爲不畜, 終身不得(구위불축, 종신부득) 만약 모아두지 않는다면 평생 얻지 못할 것이다.

(2) 安(안)

    ① 편안하다

        居安思危(거안사위) 편안함에 거하여 위급함을 생각한다.

    ② (의문사) 어찌. 주로 반어형 의문사로 쓰인다.

        安知魚之樂(안지어지락) 어찌 물고기의 즐거움을 아는가?

우리말 해석

기러기와 고니의 큰 뜻

진섭이 젊었을 때, 일찍이 다른 사람과 품팔이 농사를 했는데 밭두둑에서 밭일을 잠시 쉬다가 길게 탄식하면서 "만약 부귀를 얻으면 서로 잊지 맙시다"라고 말했다. 함께 품팔이하는 이가 웃으며

응답하여 "당신은 품팔이 농사를 하면서 어떻게 부귀해지겠는가?"라고 말했다. 진섭이 크게 탄식하며 말했다. "아, 제비와 참새가 어찌 기러기와 고니의 큰 뜻을 알겠는가."

해설

『사기』: 서한 시기 사마천(司馬遷, B.C. 145?~B.C. 86?)이 쓴 기전체(紀傳體) 역사서. 상고 시대부터 한나라 초기까지의 역사를 기록했으며 총 130권으로 본기(本紀) 12권, 표(表) 10권, 서(書) 8권, 세가(世家) 30권, 열전(列傳) 70권으로 구성되어 있다. 본문의 내용은 진시황 사후에 오광(吳廣)과 함께 난을 일으켰던 진섭의 일화다. 그가 세력을 규합하며 "왕후장상이라고 어찌 종자가 따로 있겠는가?"라고 했던 말이 유명하다. 위의 구절은 그가 젊은 시절 고생할 때의 일화로 식견이 좁은 사람은 위대한 인물의 원대한 포부를 짐작할 수 없다는 의미로 사용된다.

「春曉[1](춘효)」

孟浩然
맹 호 연

春眠不覺曉[2], 處處聞啼鳥[3].
춘 면 불 각 효　처 처 문 제 조

夜來風雨聲, 花落知多少[4].
야 래 풍 우 성　화 락 지 다 소

chūn mián bù jué xiǎo, chù chù wén tí niǎo.
yè lái fēng yǔ shēng, huā luò zhī duō shǎo.

어휘 설명

1) 曉(효) : 새벽, 날이 밝다

2) 眠(면) : 잠. 잠자다 | 覺(각) : 깨닫다, 알아채다

3) 處處(처처) : 곳곳, 여기저기 | 啼(제) : 울다, 지저귀다

4) 多少(다소) : (의문사) 얼마나

봄날 새벽

봄잠에 빠져 새벽인 줄 몰랐더니, 여기저기 새소리 들려온다.
간밤에 비바람 소리 요란하더니, 꽃잎은 얼마나 떨어졌을까?

「춘효」 맹호연(689~740) : 성당 시기 왕유와 함께 산수전원시파의 대표로 평가받는 시인. 큰 뜻이 있었으나 벼슬길이 순탄치 않았고 인생 후반부를 유랑하거나 은거하며 보냈다. "재능이 없어 군주의 버림을 받고 병이 많아 친구들과 소원해졌네(不才明主弃, 多病故人疏)"라는 구절로 현종의 노여움을 샀다고 한다. 화려한 수식과 기교를 추구하지 않고 담담한 어조로 일상의 평범한 풍경을 시에 담았다. 인공적인 꾸밈이 없어 자연스러운 여운이 있으며 맑고 담백하다는 평가를 받는다.
이 시는 맹호연이 녹문산에서 은거할 때의 작품이다. 자연의 소리로 잠을 설치고 자연의 소리로 잠을 깨는, 그야말로 자연과 하나 된 삶을 묘사했다. 마지막 구절에서 知(지, 알다)의 뜻을 살려서 해석하기도 하지만 대체로 지다소(知多少)를 붙여 수량을 물어보는 관용적인 표현으로 본다.

文(글월 문)

文(글월 문)은 글, 문장, 글씨, 학문 등을 의미한다. 갑골문의 자형은 가슴에 문신이 있는 사람이 서 있는 모습이다. 왜 가슴에 문신을 그렸을까? 이 사람은 고대에 제사를 장관하던 제사장(혹은 추장이나 무당)이다. 고대의 제사는 주로 날씨, 전쟁, 수렵 등에 대해 하늘의 뜻을 알기 위해 진행 되었다. 이때 제사장은 군중들과 구분되는 특별한 치장을 몸에 하고 춤과 노래를 했다. 제사는 가 장 큰 의례였으므로 文은 훗날 의례, 제도의 의미로 발전했고 의례, 제도에 관련된 지식, 문헌, 글 의 의미를 갖게 되었다. 『논어』에는 "행하고 남는 힘이 있거든 文을 배우라(行有餘力, 則以學文)" 라는 말이 있다. 이때의 文(문)은 예악과 관련된 지식을 말한다. 文(문)에서 후에 紋(문)이 파생되 어 무늬를 가리키는 글자가 되었다.

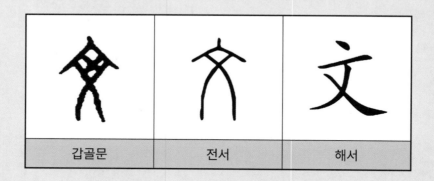

갑골문	전서	해서

한문의 특징과 어순

1. 고립어의 특징

　　고대 중국어인 한문(중국어)은 고립어다. 고립어는 조사가 없기 때문에 어순이 중요한 역할을 한다.

夫喚婦(부환부) 남편이 아내를 불렀다.

夫(부): 지아비 ┃ 喚(환): 부르다 ┃ 婦(부): 부인

　　이 예문은 '주어-동사-목적어'의 어순이다. 그런데 주어와 목적어의 어순을 바꾸면 다음과 같이 전혀 다른 의미가 된다.

婦喚夫(부환부) 아내가 남편을 불렀다.

　　그런데 한국어는 교착어다. 교착어는 '~이', '~를'를 같은 접사가 단어와 결합하여 의미를 변화시킨다는 특징이 있다.

남편이 아내를 불렀다.

　　이 예문도 '주어-동사-목적어'의 어순이다. 한문에서는 주어와 목적어의 어순을 바꾸면 전혀

다른 의미가 되는데 한국어는 그렇지 않다.

아내를 남편이 불렀다.

어순을 바꾸었지만 의미는 바뀌지 않았다. 조사가 단어 사이에서 의미 작용을 하기 때문이다. 한국어나 일본어는 조사나 어미가 의미 작용을 하는 교착어이다. 교착(膠着)은 끈끈하게 붙는다는 의미이다.

한문은 시제나 격 변화가 없기 때문에 의미에 변화를 주려면 필요한 단어를 어순에 맞게 첨가한다. 현대 중국어도 마찬가지다.

夫欲喚婦(부욕환부) 남편이 아내를 부르려고 했다.

欲(욕) : ~하려 하다

한문에는 조사가 없으니 어순이 중요한 역할을 하고, 한문 해석에는 단어와 단어의 관계를 유추하는 능력이 필요하다. 그래서 조선 선비들은 한문을 읽을 때 '~이면, ~하니, ~니라'와 같이 조사나 어미를 넣어 읽었다. 이를 '토(吐)'라고 한다.

2. 한문의 기본 어순

(1) 주어+술어

① 주어+명사

君, 舟也(군 주야) 임금은 배이다.

君(군) : 임금 | 舟(주) : 배 | 也(야) : 어조사

② 주어+동사

　　　　　　　　天知, 地知(천지 지지) 하늘이 알고 땅이 안다.

③ 주어+형용사

　　　　　　　山高(산고) 산이 높다　　夜深(야심) 밤이 깊다

주어+술어의 어순이 바뀌면 수식 구조가 되기도 한다.

　　　　　　　高山(고산) 높은 산　　深夜(심야) 깊은 밤

조동사의 위치는 동사 앞이다.

　　　　　　水能載舟(수능재주) 물은 배를 실을 수 있다.

能(능) : ~수 있다 | 載(재) : 싣다

(2) 동사+목적어

한문(중국어)의 어순이 한국어와 다른 가장 큰 특징은 목적어가 동사 뒤에 위치한다는 점이다.

　　　　　　鳥畏死(조외사) 새가 죽음을 두려워하다.

畏(외) : 두려워하다

목적어가 두 개인 문장에서의 어순은 '동사+간접 목적어+직접 목적어'이다.

王與之精兵十萬(왕여지정병십만) 왕은 그에게 정병 십만을 주었다.

與(여) : 주다 | 之(지) : 그, 그것, 그곳

(3) 술어+보어

보어는 술어의 결과, 상태, 정도 등을 보충 설명하는 말이다. 예를 들어 "上善若水(상선약수, 최고의 선은 물과 같다)"에서 水는 若을 보충 설명한다. 또 兄弟爲手足(형제위수족, 형제는 손발이다)에서 足은 爲를 보충 설명한다. 일반적으로 보어로 사용되는 품사는 명사, 형용사이다.

劍在其背(검재기배) 검은 그 등에 있다.

在(재) : ~에 있다 | 其(기) : 그 | 背(배) : 등

(4) 부사, 부정사의 위치

부사, 부정사는 일반적으로 술어 앞에 위치한다.

舟已行(주이행) 배는 이미 갔다.　　劍不行(검불행) 검은 가지 않았다.

已(이) : 이미 | 行(행) : 가다

제2과

01

新沐者¹⁾, 必彈冠²⁾. 新浴者³⁾, 必振衣⁴⁾.
신 목 자　　　 필 탄 관　　 신 욕 자　　　 필 진 의

「漁父辭」
어 부 사

xīn mù zhě, bì tán guàn. xīn yù zhě, bì zhèn yī.

어휘 설명

1) 沐(목) : 머리를 감다

2) 彈(탄) : (손으로) 튕기다 ┃ 冠(관) : 고대에 신분이 높은 사람이 쓰던 모자

3) 浴(욕) : 멱 감다, 몸을 씻다

4) 振(진) : (먼지 따위를) 털다 ┃ 衣(의) : 옷

者(자) : (명사화 접미사) ~것, 사람

　　　知之者不如好之者(지지자불여호지자) 아는 것은 좋아하는 것만 못하다.

새로 머리를 감은 사람은 반드시 갓을 턴다. 새로 목욕한 사람은 반드시 옷을 턴다.

「어부사」 : 전국 시대 초나라 조정에서 추방된 굴원(屈原, B.C.343?~B.C.278)과 달관의 인생관을 가진 어부가 대화하는 내용의 산문. 초나라 시인 굴원이 지었다는 설도 있지만 실제로는 작자 미상의 작품이다. 굴원이 "온 세상이 혼탁한데 나 혼자 깨끗하다"라며 부정한 이들과는 어울릴 수 없다고 말하자 어부는 세상의 더러움과 함께 살아가는 것이라며 "창랑의 물이 맑으면 갓끈을 씻고 물이 더러우면 발을 씻는다"라고 노래 부르며 떠났다. 대조적인 두 가지 인생관의 만남을 보여준다.

青取之於藍而青於藍[1], 氷水爲之而寒於水[2].
청 취 지 어 람 이 청 어 람   빙 수 위 지 이 한 어 수

『荀子 · 勸學』
순 자   권 학

qīng qǔ zhī yú lán ér qīng yú lán, bīng shuǐ wéi zhī ér hán yú shuǐ.

어휘 설명

1) 靑(청) : 청색 | 取(취) : 취하다, 가져오다 | 藍(람) : 쪽, 남색 염료로 쓰이는 풀
2) 氷(빙) : 얼음 | 爲(위) : 만들다 | 寒(한) : 차다

어법 설명

(1) 爲(위)

① ~이다

兄弟爲手足(형제위수족) 형제는 손과 발이다.

② 하다, 되다, 만들다

事雖小, 不爲不成(사수소, 불위불성) 일이 비록 작아도 하지 않으면 이루어지지 않는다.

③ 위하다

爲楚王作劍(위초왕작검) 초왕을 위해 검을 만들었다.

(2) 於(어)

① ~에, ~에서, ~에게

吾十有五而志於學(오십유오이지어학) 나는 열다섯 살에 학문에 뜻을 두었다.

② (비교) ~보다

苛政猛於虎(가정맹어호) 가혹한 정치는 호랑이보다 사납다.

우리말 해석

청색은 쪽풀에서 취했지만 쪽풀보다 파랗다. 얼음은 물로 만들었지만 물보다 차다.

해 설

『순자』: 전국 시대 사상가 순자(荀子, B.C. 298?~B.C. 238?)의 저작. 공자의 유가 사상을 계승했지만 맹자와 다르게 성악설을 주장했고 악한 본성의 억제를 위해 제도와 형벌이 필요하다고 생각했다. 그러나 인성의 변화 가능성을 부정하지는 않았기 때문에 후천적 노력에 따라 악한 사람도 성인이 될 수 있다고 보았다. 본문의 내용은 후천적 노력의 일환으로 학문이 필요하다는 논리의 일부분이다. 여기서 청출어람(靑出於藍)이라는 성어가 나왔다.

03

君, 舟也. 人, 水也. 水能載舟[1], 亦能覆舟[2].
군　주야　인　수야　수 능 재 주　　역 능 복 주

『貞觀政要』
정 관 정 요

jūn, zhōu yě. rén, shuǐ yě. shuǐ néng zài zhōu, yì néng fù zhōu.

어휘 설명

1) 載(재) : (물건을) 싣다 | 舟(주) : 배
2) 覆(복) : 뒤집다

어법 설명

(1) 也(야)

　① (어조사) 문장 종결의 어감을 표현한다.

　　猶未遲也(유미지야) 아직 늦지 않았다.

　② (어조사) 주어 뒤에서 잠시 멈춤의 어감을 표현한다.

　　生也一片浮雲起(생야일편부운기) 생은 한 조각 뜬구름이 일어나는 것이다.

(2) 能(능) : (조동사) ~수 있다. 비슷한 용법으로 可(가), 得(득), 足(족) 등이 있다.
　故能成其大(고능성기대) 그러므로 그 거대함을 이룰 수 있었다.

군주는 배요, 백성은 물이다. 물은 배를 띄울 수도 있고 뒤집을 수도 있다.

『정관정요』: 당나라 때 오긍(吳兢)이 편찬한 책으로 당 태종이 위징, 방현령 등의 신하들과 정치와 역사에 대해 대화하고 토론한 내용을 수록했다. 정관(627~649)은 태종의 연호이고 정요는 정치의 요체를 말한다. 당나라 이후 군주들에게 정치의 교과서로 널리 받아들여졌다. 군주와 백성의 관계를 배와 물에 비유하는 사상은 전국 시대『순자』에 이미 등장한 바 있다. 여기서 군주민수(君舟民水)라는 성어가 나왔다.

04

寧我負人¹⁾, 毋人負我²⁾.

영 아 부 인 　　무 인 부 아

『三國志 · 魏書』
삼 국 지 　위 서

níng wǒ fù rén, wú rén fù wǒ.

어휘 설명

1) 寧(녕) : 차라리 | 負(부) : 짊어지다, 등지다. 여기서는 (약속이나 의리를) 저버리다
2) 毋(무) : ~하지 말라

어법 설명

(1) 寧(녕)

① 어찌. 의문사로 주로 반어법에 사용된다.

寧不哀哉(영불애재) 어찌 슬프지 않겠는가!

② 차라리

寧失物, 無亡人(영실물 무망인) 차라리 물건을 잃을지언정 사람을 잃지 말라.

③ 평안하다

身欲寧(신욕녕) 몸은 편하고자 한다.

(2) 毋(무) : (금지) ~말라. 비슷한 용법으로 莫(막), 勿(물), 無(무) 등이 있다.

　　毋妄言(무망언) 함부로 말하지 말라.

차라리 내가 다른 사람을 저버릴지라도 다른 사람이 날 저버리게 하지 않겠다.

『삼국지』 : 진(晉)나라 때 진수(陳壽)가 약 290년경 저술한 역사서. 『위서(魏書)』, 『촉서(蜀書)』, 『오서(吳書)』로 구성되어 있으며 위, 촉, 오 삼국의 역사를 기술했다. 원말 명초 나관중(羅貫中)이 쓴 소설 「삼국지연의(三國志演義)」와는 구별된다. 본문은 『삼국지』 배송지의 주(註)에 나오는 내용으로, 조조가 자신에게 호의를 베풀었던 여백사 가족을 잔인하게 살해한 후에 한 말이다. 자기중심적인 조조의 인생관을 보여준다.

01 苛政猛於虎(가정맹어호)

孔子過泰山側[1], 有婦人哭於墓者而哀. 夫子式而聽之[2],
공 자 과 태 산 측　 유 부 인 곡 어 묘 자 이 애　 부 자 식 이 청 지

使子路問之曰[3], "子之哭也, 壹似重有憂者[4]."
사 자 로 문 지 왈　 자 지 곡 야　 일 사 중 유 우 자

而曰, "然. 昔者, 吾舅死於虎[5], 吾夫又死焉,
이 왈　 연　 석 자　 오 구 사 어 호　 오 부 우 사 언

今吾子又死焉[6]." 夫子問, "何爲不去也?" 曰, "無苛政[7]."
금 오 자 우 사 언　 부 자 문　 하 위 불 거 야　 왈　 무 가 정

夫子曰, "小子識之[8], 苛政猛於虎也[9]."
부 자 왈　 소 자 지 지　 가 정 맹 어 호 야

『禮記·檀弓下』
예 기　 단 궁 하

kǒng zǐ guò tài shān cè, yǒu fù rén kū yú mù zhě ér āi. fū zǐ shì ér tīng zhī,
shǐ zǐ lù wèn zhī yuē, "zǐ zhī kū yě, yī sì chóng yǒu yōu zhě."
er yuē, "rán. xī zhě, wú jiù sǐ yú hǔ, wú fū yòu sǐ yān,
jīn wú zǐ yòu sǐ yān." fū zǐ wèn, "hé wéi bú qù yě?" yuē, "wú kē zhèng."
fū zǐ yuē, "xiǎo zǐ zhì zhī, kē zhèng měng yú hǔ yě."

1) 過(과) : 지나가다 **|** 泰山(태산) : 지명. 산동 지역에 있는 산 **|** 側(측) : 옆

2) 夫子(부자) : 선생님. 공자에 대한 존칭 **|** 式(식) : 수레 앞부분에 설치한 가로막이 나무. 여기
　에 손을 얹는 것으로 예를 표시했다.

3) 子路(자로) : 공자의 제자

4) 子(자) : 그대 **|** 壹(일) : 오로지 **|** 似(사) : ~인 듯하다 **|** 重(중) : 거듭해서 **|** 憂(우) : 우환

5) 昔者(석자) : 옛날 **|** 舅(구) : 시아버지

6) 焉(언) : 於之(어지)의 준말

7) 苛(가) : 가혹하다 ‖ 政(정) : 정치

8) 小子(소자) : 너희들 **|** 識(지) : 기억하다

9) 猛(맹) : 사납다

어법 설명

(1) 使(사) : (사역) ~에게 ~시키다. '使+대상+행위'의 어순으로 구성된다. 비슷한 용법으로 令
　(하여금 령), 敎(하여금 교)가 있다.
　　懷王使屈原造爲憲令(회왕사굴원조위헌령) 회왕은 굴원에게 법령을 만들게 했다.

(2) 於(어)

　① ~에, ~에서, ~에게
　　靑取之於藍(청취지어람) 청색은 쪽풀에서 취했다.

　② (비교) ~보다
　　氷水爲之而寒於水(빙수위지이한어수) 얼음은 물로 만들었지만 물보다 차다.

(3) 焉(언)

① (의문사) 어찌, 어떻게

焉避其難(언피기난) 어떻게 그 난을 피할까?

② 於之(어지)의 축약형

三人行必有我師焉(삼인행필유아사언) 세 사람이 길을 가면 거기에 반드시 나의 스승이 있다.

우리말 해석

가혹한 정치는 호랑이보다 사납다

공자가 태산 부근을 지나는데 어떤 부인이 무덤에서 울고 있는데 매우 슬펐다. 선생님께서 수레 가로막이목을 짚으시고 듣다가 자로에게 물어보게 하셨다. "그대가 우는 것이 마치 거듭해서 초상을 당한 듯하오." 말하길 "예전에 저의 시아버지가 호랑이에게 죽임을 당하고 제 남편이 또 죽었습니다. 지금 저의 아들이 또 죽었습니다." 선생님이 물으셨다. "어째서 떠나가지 않았는가?" 말하길, "가혹한 정치가 없습니다." 선생님이 말하셨다. "너희들은 유념하라. 가혹한 정치는 호랑이보다 더 사납다는 것을."

해 설

『예기』: 유가 경전으로 오경(五經)의 하나이다. 삼대(하, 은, 주) 유가의 예법에 관한 학설을 수록한 책. 공자에 의해 예가 중시된 이후로 각국에 흩어져있던 예법에 대한 학설과 기록을 후대의 학자들이 수집하고 정리하여 이루어졌다. 본문은 가혹한 정치가 있는 마을보다 차라리 호랑이가 나오는 마을이 낫다는 내용이다. 여기서 말하는 가혹한 정치는 과중한 부역과 세금을 말한다.

02 人性之善(인성지선)

孟子曰, 水信無分於東西[1], 無分於上下乎? 人性之善也,
맹 자 왈   수 신 무 분 어 동 서   무 분 어 상 하 호   인 성 지 선 야

猶水之就下也[2]. 人無有不善, 水無有不下. 今夫水,
유 수 지 취 하 야   인 무 유 불 선   수 무 유 불 하   금 부 수

搏而躍之[3], 可使過顙[4], 激而行之[5], 可使在山[6].
박 이 약 지   가 사 과 상   격 이 행 지   가 사 재 산

是豈水之性哉[7]? 其勢則然也[8].
시 기 수 지 성 재   기 세 즉 연 야

『孟子 · 告子上』
맹 자   고 자 상

mèng zǐ yuē, shuǐ xìn wú fēn yú dōng xī, wú fēn yú shàng xià hū? rén xìng zhī shàn yě,
yóu shuǐ zhī jiù xià yě. rén wú yǒu bú shàn, shuǐ wú yǒu bú xià. jīn fū shuǐ,
bó ér yuè zhī, kě shǐ guò sǎng, jī ér xíng zhī, kě shǐ zài shān.
shì qǐ shuǐ zhī xìng zāi? qí shì zé rán yě.

어휘 설명

1) 信(신) : 진실로 | 分(분) : 나누다, 구분하다
2) 猶(유) : ~와 같다 | 就(취) : 나아가다
3) 搏(박) : 치다, 때리다 | 躍(약) : 뛰어 오르다

4) 過(과) : 지나가다 **|** 顙(상) : 이마

5) 激(격) : 물을 막았다가 터뜨려 흐르게 하다 **|** 行(행) : 가다

6) 可(가) : ~수 있다 **|** 使(사) : ~하게 하다

7) 豈(기) : 어찌 **|** 性(성) : 타고난 성질

8) 勢(세) : 형세, 기세 **|** 然(연) : 그러하다

어법 설명

(1) 乎(호) : 문미에 위치하여 문장을 의문문으로 만든다.

　　君子亦有惡乎(군자역유오호) 군자도 미워하는 것이 있는가?

(2) 猶(유)

　① 아직, 오히려

　　終身行善, 善猶不足(종신행선, 선유부족) 평생 선을 행해도 선은 아직 부족하다.

　② ~와 같다

　　過猶不及(과유불급) 지나침은 모자람과 같다.

(3) 是(시)

　① 이, 이것

　　是可忍, 孰不可忍(시가인, 숙불가인) 이것을 참을 수 있다면 무엇을 참지 못하겠는가!

　② 옳다

　　是非之心(시비지심) 옳고 그름을 따지는 마음.

　③ ~이다

　　不聞是藥(불문시약) 듣지 않는 것이 약이다.

인성의 선함

맹자가 말했다. "물은 진실로 동서를 구분하지 못한다지만 상하도 구분하지 못하는가? 사람의 성품이 선한 것은 물이 아래로 가는 것과 같다. 사람은 선하지 않음이 없으며, 물은 아래로 가지 않는 것이 없다. 지금 둗을 쳐서 튀어 오르게 하면 이마를 훌쩍 넘어가게 할 수도 있고 물길을 막아 흘리면 산으로 흐르게 할 수도 있다. 이것이 어찌 물의 성질이겠는가? 그 기세가 그런 것이다."

해 설

『맹자』: 전국 시대 맹자(孟子, B.C. 372~B.C. 289)의 언행록. 공자의 핵심 사상인 인(仁)의 개념을 계승·확대하여 인의(仁義)를 강조하고 천하의 제후들에게 왕도(王道) 정치와 민본주의를 역설했다. 본문은 맹자가 고자에게 성선설을 펼치는 대목이다. 고자는 인성은 물과 같아 선악이 일정하지 않다고 했으나 맹자는 물도 상하는 구분하듯 인성은 선을 지향한다는 논리를 폈다.

제3절 한시 감상

「相思¹⁾(상사)」

王維
왕 유

紅豆生南國²⁾, 春來發幾枝³⁾.
홍 두 생 남 국   춘 래 발 기 지

願君多采擷⁴⁾, 此物最相思⁵⁾.
원 군 다 채 힐   차 물 최 상 사

hóng dòu shēng nán guó, chūn lái fā jǐ zhī.
yuàn jūn duō cǎi xié, cǐ wù zuì xiāng sī.

어휘 설명

1) 판본에 따라 「相思子(상사자)」, 「江上贈李龜年(강상증이구년)」 등의 제목도 있다.

2) 紅豆(홍두) : 남방에서 자라는 식물의 열매 | 南國(남국) : 남방, 강남 지역

3) 發(발) : 피다 | 幾(기) : 몇 | 枝(지) : 가지

4) 願(원) : 원하다 | 君(군) : (2인칭) 그대 | 采擷(채힐) : 따다

5) 此(차) : 이 | 物(물) : 사물 | 最(최) : 가장 | 相思(상사) : 그리워하다

그리움

홍두가 남국에서 자라나, 봄이 오니 몇 가지 피었습니다.

원컨대 그대 많이 따 가세요. 이것이 가장 그리움을 준답니다.

해 설

「상사」 왕유(701~761) : 자는 마힐(摩詰). 음악과 회화에도 뛰어났으며 산수시에 뛰어나 맹호연과 함께 산수전원시파를 개창했다는 평가를 받는다. 만년에 불교에 심취하여 시불(詩佛)이라는 칭호를 얻었으며 선종(禪宗)의 정취를 시로 잘 표현했다. 소동파는 왕유의 시와 그림을 "詩中有畵, 畵中有詩(시중유화, 화중유시)"라는 말로 평했다.

마지막 구절에서 最相思(최상사)는 ① 홍두가 가장 그리움을 불러일으킬 것, ② 홍두가 가장 그리울 것이라는 두 가지 해석이 모두 가능하다. 이 시에 「강상증이구년」이라는 제목이 있는 것으로 보아 왕유가 이구년을 그리워하는 시라고도 하고 이구년이 당 현종을 그리워하는 시라고도 한다. 이구년은 두보의 시 「강남봉이구년(江南逢李龜年)」에도 나오는 궁중 악사이다.

名(이름 명)

名(명)은 '이름', '~라고 이름 부르다'라는 의미를 갖고 있다. 갑골문 자형을 보면 왼쪽에 口(입 구)가 있고 오른쪽에 夕(저녁 석)이 있다. 夕(석)은 해가 지는 모습 같기도 하고 반달 모양 같기도 하다. 날이 어두워 서로 알아보지 못하기 때문에 입으로 상대의 이름을 부르는 상황이다. 군대에서 밤에 암구호를 물어보는 것과 비슷하다. 갑골문 자형을 그릇과 肉(고기 육)의 결합이라고 보는 해석도 있다. 아기가 태어나 고기를 그릇에 올리고 제사 지내는 모습이라는 것이다. 이름을 뜻하는 글자로 字(자), 號(호)도 있다. 字(자)는 성년이 될 때 스승이나 집안 어른이 지어주는 이름이다. 號(호)는 자기가 짓기도 하고 다른 사람이 지어주기도 하는데 보통 자신의 고향, 사는 곳, 신념 등을 호로 쓴다. 고대에는 남의 이름을 함부로 부르는 것을 실례로 생각했기 때문에 字(자)나 號(호)로 불렀다.

| 갑골문 | 전서 | 해서 |

중국의 고대, 근대, 현대

중국 역사는 일반적으로 왕조명으로 기술한다. 일반적으로 하(夏)에서 시작하는데 사실 하는 고고학적으로 실체가 증명되지 않았고 문헌에서만 전해지는 왕조다. 고고학적으로 증명된 가장 오래된 왕조는 상(商)이다. 상도 오랫동안 전설로 전해지다 20세기에 들어와 갑골문, 은허 등의 발견으로 실존이 입증되었다. 은(殷)이라고도 부른다. 주(周)는 서주와 동주로 나누어진다. 수도가 서쪽에 있던 시기와 동쪽에 있던 시기이다. 동주 시기에 춘추 전국 시대가 펼쳐졌다. 춘추는 여러 나라가 천자의 오른팔이 되겠다고 경쟁하던 시대이고 전국은 자신이 직접 천자가 되겠다고 경쟁하던 시대다. 충돌과 대립이 더 격화되었다.

전국 시대를 끝내고 천하를 통일한 것은 진(秦)이었다. 초대 황제였던 진시황은 통일 제국을 운영하기 위해 군현제를 실시하고 문자, 도량형, 화폐 등을 통일했지만 단명했다. 한(漢)은 진의 기틀 위에서 400여 년간 통일 왕조를 운영했다. 주나라처럼 수도가 서쪽에 있던 서한과 동쪽에 있던 동한으로 나누어진다. 전한, 후한이라고도 부른다. 이후 위(魏), 진(晉)을 거쳐 남북조 시대가 펼쳐졌다. 양자강을 중심으로 북방에서는 북위, 북주, 북제 등이 분열과 통일을 거듭했고 남방에서는 송, 제, 양, 진으로 왕조가 교체되었다. 결국 북주에서 나온 수(隋)가 북방을 통일하고 남조의 진(陳)까지 멸망시켜 통일 제국을 완성했다. 하지만 수는 단명하고 수의 기틀 위에서 오랫동안 통일 왕조를 운영한 것은 당(唐)이었다. 진한 시대와 비슷한 느낌이다. 송(宋)은 숭문주의를 채택한 사대부의 나라였기 때문에 국방력이 약했다. 북방 유목 민족인 금(金)의 침략으로 북방의 수도를 버리고 양자강 이남에서 새로운 정부를 열었다. 이를 북송, 남송이라 부른다. 이후 칭기즈 칸의 손자 쿠빌라이가 남송을 멸망시키고 원(元)을 세웠다. 이때부터 북경(北京)은 중국의 수도가 되기 시작했고 이민족 왕조와 한족 왕조가 교대로 세워졌다. 송은 한족 왕조, 원은 몽골족 왕조,

명(明)은 다시 한족 왕조였고 청(淸)은 동북 지역에서 일어난 만주족의 왕조였다. 청이 명을 멸망시키자 명나라 부흥군 정성공은 대만을 장악하고 있던 네덜란드 세력을 물리치고 대만에 왕국을 세웠다. 대만이 중국의 역사에 등장하기 시작한 사건이다.

1840년 아편전쟁이 일어났고 열강 세력의 침략이 본격적으로 시작되었다. 중국에서는 이때를 기점으로 고대와 근대를 나눈다. 1912년에는 신해혁명으로 청이 멸망하고 공화정인 중화민국이 건립되었다. 1919년 5·4운동은 근대와 현대를 나누는 기점이다. 1945년 일본이 패망하자 그간 합작과 대립을 거듭하던 두 세력, 장제스(蔣介石, 장개석)의 국민당과 마오쩌둥(毛澤東, 모택동)의 공산당 사이에 전쟁이 본격적으로 벌어졌다. 국공내전이다. 승자가 된 공산당은 1949년 10월 1일 북경 천안문광장에서 중화인민공화국의 성립을 선포했고 마오쩌둥이 초대 주석이 되었다. 패배한 장제스는 대만으로 건너가 중화민국의 역사를 이어갔다. 중국은 1949년 이후를 당대라고 부른다.

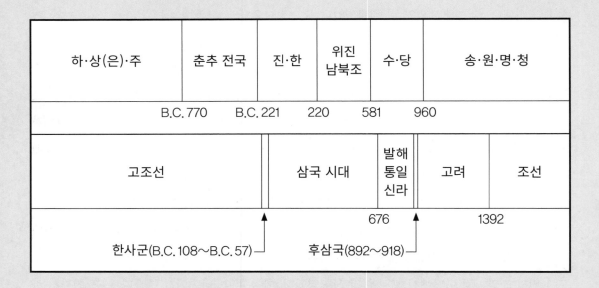

하·상(은)·주	춘추 전국	진·한	위진 남북조	수·당	송·원·명·청

B.C. 770   B.C. 221   220   581   960

고조선		삼국 시대	발해 통일 신라	고려	조선

676   1392

한사군(B.C. 108~B.C. 57)   후삼국(892~918)

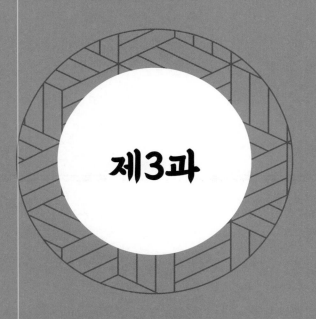

제3과

제1절 단문 읽기

01

爲善者[1], 天報之以福[2]. 爲不善者, 天報之以禍[3].
위 선 자　천 보 지 이 복　위 불 선 자　천 보 지 이 화

『孔子家語』
공 자 가 어

wéi shàn zhě, tiān bào zhī yǐ fú. wéi bú shàn zhě, tiān bào zhī yǐ huò.

어휘 설명

1) 爲善(위선) : 선행을 하다
2) 報(보) : 갚다, 보답하다, 보복하다
3) 禍(화) : 재앙, 불행

以(이)

① 이유

良有以也(양유이야) 참으로 이유가 있었도다.

② (도구) ~로써, ~을 가지고

君子以文會友(군자이문회우) 군자는 글로 친구를 모은다.

③ (앞의 내용을 받아) 그렇게 함으로써

殺身以成仁(살신이성인) 자신을 희생하여 인(仁)을 이룬다.

우리말 해석

선을 행하는 사람은 하늘이 복으로 보답하고, 불선을 행하는 사람은 하늘이 화로 갚는다.

해 설

공자가 제자들을 이끌고 14년간 천하를 주유할 때의 일이다. 진나라와 채나라 사이에서 고립되어 물과 식량도 없이 7일 동안 고난을 겪었다. 이를 진채지액(陳蔡之厄)이라 부른다. 이때 자로가 스승님이 왜 이런 불행을 겪느냐며 화를 냈다. 본문은 당시 자로가 한 말이다. 이 일은 『공자가어』뿐 아니라 『논어』, 『순자』, 『장자』 등에도 실려 있다. 이때 공자는 깊은 숲속의 화초가 남들의 인정을 받기 위해 향기를 뿜는 것은 아니라고 대답했다.

02

天地不仁[1], 以萬物爲芻狗[2].
천 지 불 인　　이 만 물 위 추 구

『老子』
노 자

tiān dì bù rén, yǐ wàn wù wéi chú gǒu.

어휘 설명

1) 天地(천지) : 천하, 온 세상 | 仁(인) : 어질다
2) 芻狗(추구) : 제사에 사용하는 짚으로 만든 개. 하찮은 물건의 비유

어법 설명

以(이)A爲(위)B : A를 B로 삼다 (여기다)

　　民以食爲天(민이식위천) 백성은 먹는 것을 하늘로 여긴다.

우리말 해석

천지는 어질지 않으니 만물을 추구(芻狗)로 여긴다.

『**노자**』: 춘추 시대 도가 사상가 노자의 책. 노자가 누구인지는 이견이 분분하다. 100세, 200세를 살았다거나 실존 인물이 아니라는 설도 있다. 핵심 사상은 무위자연(無爲自然)이며 약 5,200자 정도로 이루어진 운문이다. 전반부와 후반부가 각각 도와 덕에 관한 내용이라 『도덕경』이라고도 부른다. 노자는 자연은 의지가 없으며 정해진 원리와 규칙에 따라 운행한다고 보았다. 본문의 내용도 이런 사상을 반영하고 있다. 뒤에는 "성인은 어질지 않으니, 백성을 추구로 여긴다"라는 말이 이어진다.

03

橘生淮南則爲橘¹⁾, 生於淮北則爲枳²⁾.
귤 생 회 남 즉 위 귤　　생 어 회 북 즉 위 지

『晏子春秋 · 雜下』
안 자 춘 추　　잡 하

jú shēng huái nán zé wéi jú, shēng yú huái běi zé wéi zhǐ.

어휘 설명

1) **橘**(귤): 귤, 밀감 | **淮南**(회남): 회수의 남쪽. 회수(淮水)는 양자강과 황하의 중간에 위치한 강으로 강소성(江蘇省)에서 일부는 황해로, 일부는 양자강으로 흘러 들어간다. 전통적으로 남방과 북방을 나누는 지리적 경계선으로 인식되어 왔기 때문에 남귤북지(南橘北枳), 남선북마(南船北馬)와 같은 성어의 배경이 되었다.

2) **淮北**(회북): 회수의 북쪽 | **枳**(지): 탱자

則(칙, 즉)

① (칙) 법칙, 원칙

法則(법칙) 법칙

② (즉) (가정) ~하면 ~

鶴脛雖長, 斷之則悲(학경수장, 단지즉비) 학의 다리는 비록 길지만 자르면 슬퍼한다.

③ (즉) (강조) 주어 뒤에 위치하여 주어를 강조한다.

此則寡人之罪也(차즉과인지죄야) 이는 과인의 죄이다.

귤을 회수의 남쪽에서 심으면 귤이 되고, 회수의 북쪽에서 심으면 탱자가 된다.

『안자춘추』: 춘추 시대 제나라의 명재상이었던 안영(晏嬰, ?~B.C. 500)의 언행을 정리한 책. 안영은 영공(靈公), 장공(莊公), 경공(景公) 3대를 섬기며 오랫동안 백성들의 신망을 받았는데, 이책은 그의 정치에 관련된 일화와 문답을 기록했다. 본문의 내용은 안영이 초나라에 갔을 때 죄를 범한 제나라 사람을 보고 초나라 왕이 힐난하자 대답한 말이다.

04

天地之間, 物各有主[1), 苟非吾之所有[2), 雖一毫而莫取[3).
천 지 지 간   물 각 유 주   구 비 오 지 소 유   수 일 호 이 막 취

「赤壁賦」
적 벽 부

tiān dì zhī jiān, wù gè yǒu zhǔ, gǒu fēi wú zhī suǒ yǒu, suī yī háo ér mò qǔ.

어휘 설명

1) **物**(물) : 만물, 사물 | **各**(각) : 각각

2) **苟**(구) : 만약, 진실로 | **所**(소) : ~하는 바

3) **雖**(수) : 비록 | **毫**(호) : 가는 털 | **取**(취) : 취하다, 갖다

어법 설명

莫(막)

① (금지) ~말아야 한다. 유사한 용법으로 毋(무), 勿(물), 無(무) 등이 있다.

　莫愁前路無知己(막수전로무지기) 앞길에 그대를 알아줄 사람이 없다고 근심하지 말라.

② 없다

　今天下莫爲義(금천하막위의) 지금 천하에는 의를 행하는 사람이 없다.

우리말 해석

천지지간에 만물은 각각 주인이 있으니, 만약 나의 소유가 아니라면 비록 터럭 하나일지라도 취하지 말아야 한다.

해 설

「적벽부」: 북송의 대문호 소동파(蘇東坡, 1037~1101)가 지은 작품으로 천고의 명문으로 전한다. 제목에서 부(賦)는 문체의 이름이다. 강물 위에서 배를 타고 노닐다가 삼국 시대의 적벽대전과 당시 영웅들의 이야기를 회고하며 흘러가는 시간과 덧없는 인생에 대한 감개를 토로했다. 「전적벽부」와 「후적벽부」가 있는데 이 글은 「전적벽부」이다.

제2절 문장 이해

01   守株待兔(수주대토)

宋人有耕田者. 田中有株¹⁾, 兔走觸株²⁾, 折頸而死³⁾.
송 인 유 경 전 자   전 중 유 주   토 주 촉 주   절 경 이 사

因釋其耒而守株⁴⁾, 冀復得兔⁵⁾, 兔不可復得, 而身爲宋國笑⁶⁾.
인 석 기 뢰 이 수 주   기 부 득 토   토 불 가 부 득   이 신 위 송 국 소

今欲以先王之政, 治當世之民⁷⁾, 皆守株之類也⁸⁾.
금 욕 이 선 왕 지 정   치 당 세 지 민   개 수 주 지 류 야

『韓非子·五蠹』
한 비 자   오 두

sòng rén yǒu gēng tián zhě. tián zhōng yǒu zhū, tú zǒu chù zhū, zhé jǐng ér sǐ.
yīn shì qí lěi ér shǒu zhū, jì fù dé tú, tú bù kě fù dé, ér shēn wéi sòng guó xiào.
jīn yù yǐ xiān wáng zhī zhèng, zhì dāng shì zhī mín, jiē shǒu zhū zhī lèi yě.

1) 株(주) : 나무의 밑동, 곧 그루터기

2) 走(주) : 쫓기다, 도망가다 **❘** 觸(촉) : 부딪히다

3) 折頸(절경) : 목이 부러지다

4) 釋(석) : (손을) 놓다 **❘** 耒(뢰) : 쟁기

5) 冀(기) : 바라다 **❘** 復(부) : 다시

6) 身(신) : 자신 **❘** 笑(소) : 웃음거리

7) 當世(당세) : 당대, 지금

8) 皆(개) : 모두 **❘** 類(류) : 부류

어법 설명

(1) 因(인)

① ~때문에

貧者因書富(빈자인서부) 가난한 사람은 책 때문에 부자가 된다.

② 인하여, 그리고 나서. 뒤에 어떤 일이 일어날 때 말을 이어주는 역할

恐其不受, 因謂之(공기불수, 인위지) 그가 받지 않을까 걱정되어 말했다.

(2) 復(부, 복)

① (부) 다시

復前行, 欲窮其林(부전행, 욕궁기림) 다시 앞으로 가니 그 숲이 끝나가고 있었다.

② (복) 회복하다

克己復禮(극기복례) 자기를 억제하고 예를 회복하다.

그루터기를 지키며 토끼를 기다리다

송나라 사람 중에 밭을 가는 자가 있었다. 밭 가운데에 그루터기가 있는데 토끼가 달려가다가 그루터기에 부딪혀 목이 부러져 죽었다. 그래서 쟁기를 놓고 그루터기를 지키며 다시 토끼를 얻고자 희망했으나 토끼는 다시 얻지 못하고 그 자신이 송나라의 웃음거리가 되었다. 지금 선왕의 정치로 당대의 백성들을 다스리려 한다면 모두 그루터기를 지키는 부류이다.

『한비자』: 전국 시대 법가 사상가 한비자(B.C. 280?~B.C. 233)의 저작. 인정보다는 냉혹한 법으로 통치를 해야 한다는 정치 철학을 펼쳐 동양의 마키아벨리즘이라고 불린다. 백성보다는 군주의 입장에 선 사상이다. 본문의 수주대토는 현재 크게 두 가지 의미로 사용된다. 하나는 행운을 믿고 노력하지 않는 행위이고, 또 하나는 지나가 버린 시대의 낡은 방법으로 현재에 대처하는 자세이다. 한비자는 후자의 의미로 사용했다. 부국강병이 당시의 시대적 과제이지, 인의도덕(仁義道德)과 같은 구시대의 가치는 더 이상 쓸모없다고 여겼다.

02 永安託孤[1](영안탁고)

"君才十倍曹丕[2], 必能安國, 終定大事. 若嗣子可輔[3], 輔之.
군 재 십 배 조 비   필 능 안 국   종 정 대 사   약 사 자 가 보   보 지

如其不才[4], 君可自取." 亮涕泣曰[5], "臣敢竭股肱之力[6],
여 기 부 재   군 가 자 취   량 체 읍 왈   신 감 갈 고 굉 지 력

效忠貞之節[7], 繼之以死[8]."
효 충 정 지 절   계 지 이 사

『三國志·蜀書』
삼 국 지   촉 서

"jūn cái shí bèi cáo pī, bì néng ān guó, zhōng dìng dà shì. ruò sì zǐ kě fǔ, fǔ zhī.
rú qí bù cái, jūn kě zì qǔ." liàng tì qì yuē, "chén gǎn jié gǔ gōng zhī lì,
xiào zhōng zhēn zhī jié, jì zhī yǐ sǐ."

어휘 설명

1) 永安(영안): 양자강 삼협(三峽)에 위치한 성으로 유비가 이릉(夷陵)전투에서 패배한 후 지내
   다가 숨을 거둔 곳이다. 백제성(白帝城)이라고도 한다. | 孤(고): 부모 없는 아이, 고아

2) 曹丕(조비): 당시 위나라의 황제. 조조의 아들로 즉위하여 문제(文帝)가 되었다.

3) 嗣(사): 잇다, 상속하다. 후대를 잇는 자식을 후사(後嗣)라고 한다. | 輔(보): 보필하다

4) 如(여): 만약. 若(약)과 같다.

5) 涕泣(체읍) : 눈물을 흘리며 울다

6) 竭(갈) : 다하다 | 股肱之力(고굉지력) : 팔과 다리의 힘, 곧 혼신의 능력

7) 效(효) : 바치다, 힘쓰다

8) 繼(계) : 잇다 | 之(지) : 그것 | 以(이) : ~로써

어법 설명

(1) 若(약)

   ① ~와 같다

     上善若水(상선약수) 최고의 선은 물과 같다.

   ② (가정) 만약 ~라면

     家若富, 不可恃富而怠學(가약부, 불가시부이태학) 만약 부유하더라도 부유함을 믿고 학문에 게을리하면 안 된다.

   ③ (2인칭 대명사) 너, 그대

     若爲傭耕, 何富貴也(약위용경, 하부귀야) "그대는 품팔이 농사를 하면서 어떻게 부귀해지겠는가?

(2) 可(가) : (조동사) ~할 수 있다. 같은 용법으로 可以(가이), 足(족), 足以(족이) 등이 있다.

     二者不可得兼(이자불가득겸) 두 가지는 겸하여 얻을 수 없다.

우리말 해석

영안성에서 아들을 부탁하다

"그대의 재능은 조비의 열 배이니 틀림없이 나라를 안정시키고 종국에는 대업을 이룰 수 있을 것이오. 만약 후사가 보필할 만하다면 보필하시오. 그러나 만약 그가 재능이 없다면 그대가 스스

로 제위를 취하시오." 제갈량은 눈물을 흘리며 말했다. "신은 전력을 다해 충정의 절개를 바칠 것이며, 목숨을 다해 대업을 이어가겠나이다."

해 설

221년 유비는 관우, 장비의 원수를 갚기 위해 오나라를 침공했다가 이릉(夷陵)에서 참패하고 영안성(永安城)으로 피신했다. 본문은 이때 유비가 영안성에서 죽음을 앞두고 제갈량에게 아들을 부탁하는 내용이다. 제갈량에 대한 유비의 신뢰, 유비에 대한 제갈량의 무한한 충심, 그리고 평생 고락을 함께하며 대업을 이룬 두 사람의 운명이 감동적이다.

「淸明(청명)」

杜牧
두 목

淸明時節雨紛紛¹⁾, 路上行人欲斷魂²⁾.
청 명 시 절 우 분 분   노 상 행 인 욕 단 혼

借問酒家何處有³⁾, 牧童遙指杏花村⁴⁾.
차 문 주 가 하 처 유   목 동 요 지 행 화 촌

qīng míng shí jiē yǔ fēn fēn, lù shàng xíng rén yù duàn hún.
jiè wèn jiǔ jiā hé chù yǒu, mù tóng yáo zhǐ xìng huā cūn.

어휘 설명

1) 淸明(청명) : 청명절. 보통 양력 4월 5일경으로 조상의 산소에 가서 성묘하는 풍습이 있다. |
   紛紛(분분) : 비나 눈이 부슬부슬 내리는 모양

2) 欲(욕) : ~하려고 하다 | 斷魂(단혼) : 혼이 끊어지다, 상심한 모양

3) 借問(차문) : 묻다 | 何處(하처) : 어느 곳

4) 遙指(요지) : 멀리 가리키다 | 杏花村(행화촌) : 살구꽃 핀 마을

청명

청명절에 비가 부슬부슬, 길 가는 나그네 마음 끊어지려 하네.
술집이 어딨는가 물었더니, 목동은 저 멀리 살구꽃 핀 마을을 가리키네.

「청명」 두목(803~852) : 만당 시인. 자는 목지(牧之)로 섬서성 서안(西安) 사람이다. 이상은과 함께 소이두(小李杜)라고 불렸다. 칠언 절구에 능하며 역사를 회고하는 영사시(詠史詩)를 많이 썼다. 만당 시기에는 유려하고 농염한 여성적인 시풍이 유행했는데 두목의 시는 강인하면서 깊은 여운이 있다. 대표작은 「강남춘(江南春)」, 「박진회(泊秦淮)」, 「적벽(赤壁)」 등 주로 칠언 절구이다. 이 시의 배경은 비 오는 청명절이고 등장인물은 나그네와 목동 두 사람이다. 술과 행화촌이 절묘하게 연결되어 낭만적인 풍경을 만들었다. 행화촌은 지금 중국의 대형 주류 기업의 이름이 되었다. 이 기업이 있는 지역의 지명이기도 하다. 이 시의 힘이다.

王(임금 왕)과 관련된 글자

갑골문에서 王(임금 왕)은 모자 쓴 사람의 모습인데『설문해자』에서는 "하늘과 땅과 사람을 의미하는 三(석 삼)을 하나로 꿰뚫은 것"이라고 해석했다. 臣(신하 신)은 눈을 세워놓은 모습이다. 눈이 세로로 서 있는 이유는 고개를 숙이고 있기 때문이다. 臣(신)은 원래 노예가 된 전쟁 포로를 가리키는 글자에서 출발했다. 임금을 모시다보니 비천한 신분이라는 말로 자신을 낮추느라 신하의 뜻을 갖게 되었다. 또 백성을 가리키는 글자 民(백성 민)은 왼쪽 눈을 침으로 찌르는 모습이다. 죄인이나 포로가 도망을 가지 못하도록 눈을 찔렀던 것이다. 그래서 지배를 받는 이, 다스림을 받는 이가 되었다. 최고의 비천한 신분이다. 사람(人)도 아니고 사람보다 낮은 계급이다. 그래서 이 두 계급을 붙여 인민(人民)이라 불렀다.

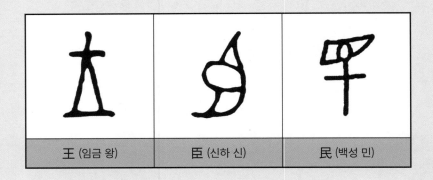

王 (임금 왕)	臣 (신하 신)	民 (백성 민)

공자의 인과 맹자의 인의

일반적으로 서양 철학의 특징이 존재론이라면 동양 철학의 핵심은 관계론이라고 말한다. 유가 사상은 인간과 사회, 인간과 인간의 관계를 중요하게 생각한다.

공자(B.C. 551~B.C. 479) 사상의 핵심은 인(仁)이다. 공자는 인과 예를 중시하고 윤리와 도덕에 기초한 인본주의 사회를 이상적으로 생각했다. 제자 안연이 인에 대해 묻자 공자는 "극기복례(克己復禮)"라고 대답했다. 자기 자신을 억제하고 예를 회복하는 것이다. 자신의 욕구와 이기심을 억제할 수 있어야 사회 질서를 유지할 수 있기 때문이다. 예의(禮儀)는 상하의 위계질서에 따라 정해진 규정이다. 천자에겐 제후가 할 수 없는 행동과 의식의 규정이 있고 제후에겐 대부가 할 수 없는 규정이 있다. 이 규정을 잘 지키는 것이 공자가 말하는 예다. 『논어』에 보면 팔일무라는 춤은 천자만 행할 수 있는데 대부인 계씨가 행하자 예를 어겼다고 비난하는 대목이 있다. 이렇게 예를 어기지 말아야 위계질서가 분명한 사회가 될 수 있고 고대의 이상적인 윤리 공동체를 회복할 수 있다.

『논어』에는 군자와 소인을 비교하는 말이 많다. "군자는 덕을 생각하고 소인은 거처의 안락을 생각한다. 군자는 법을 생각하고 소인은 은혜 받을 일을 생각한다." 군자는 높은 수준의 도덕심과 인격을 갖춘 사람을 말한다. 배움과 수양을 통해 군자의 경지에 도달할 수 있다고 생각했기 때문에 학문과 교육을 중시했다. 『논어』의 첫 줄은 배움에 대한 말이다.

맹자(孟子, B.C. 372~B.C. 289)는 공자의 인(仁) 사상을 계승하여 인의(仁義)의 개념으로 심화시켰다. 인이 개인의 도덕적 품성이라면 의는 사회의 보편적 정의이다. 맹자는 인의가 마음에 뿌리를 둔다고 했다. 인간의 타고난 착한 성품에서 나왔으며 도덕의 본질이라고 생각했다. "인(仁)은 사람의 마음이고 의(義)는 사람이 마땅히 가야 할 길이다. 그 길을 버리고 가지 않으며 그 마음을 놓아버리고 찾을 줄을 모른다. 슬프도다. 사람들은 닭이나 개가 도망가면 그것을 찾을 줄 알지만 마음을 놓아버리고도 찾을 줄 모른다."

　인과 덕에 기반한 왕도 정치, 민본주의를 주장하면서 만약 임금이 임금답지 못하다면 역성혁명도 인정할 수 있다는 다소 과격한 정치사상을 제기했다. 맹자는 공자와 마찬가지로 각국을 돌며 여러 제후들에게 자신의 사상을 설파했지만 그의 민본주의 사상은 받아들여지지 않았다. 전국 시대의 통치자들은 자국의 부국강병이 일차적 관심사였기 때문이다. 예를 들어 양 혜왕은 맹자를 만난 자리에서 어떻게 나라를 이롭게 할 것인지 단도직입적으로 물었다. 그런데 맹자는 이익을 생각하지 말고 의로움을 생각하라고 대답했다. 사마천은 이 대목을 읽을 때마다 책을 내려놓고 탄식했다고 한다. 천하의 패권을 잡기 위해 경쟁과 권모술수가 치열하게 전개되던 시기에 맹자는 사회적 정의와 도덕을 실현하면 대국이 된다고 주장했으니 제후들은 비현실적이라고 배척한 것이다. 인간의 성품이 선하다는 성선설이나 학문을 통해 선왕의 도를 배워야 한다는 교육 사상은 인문적 색채가 농후한 유가 사상의 성격을 대변하고 있다.

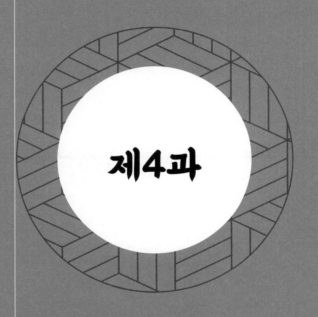

제4과

제1절 단문 읽기

01

勿以惡小而爲之¹⁾, 勿以善小而不爲.

물 이 악 소 이 위 지   물 이 선 소 이 불 위

『三國志 · 蜀書』
삼 국 지   촉 서

wù yǐ è xiǎo ér wéi zhī, wù yǐ shàn xiǎo ér bù wéi.

어휘 설명

1) 勿(물) : (금지) ~ 말라 ┃ 爲(위) : 하다

어법 설명

(1) 以(이)

① (도구) ~로써, ~을 가지고

以熱治熱(이열치열) 열로 열을 다스린다.

② (이유) ~로써, ~을 이유로

君子不以言擧人(군자불이언거인) 군자는 말 때문에 사람을 천거하지 않는다.

(2) 惡(악, 오)

　　① (악) 악하다

　　　　人莫知其子之惡(인막지기자지악) 사람들은 아무도 자기 자식의 악행을 잘 알지 못한다.

　　② (오) 미워하다, 싫어하다

　　　　貧與賤, 是人之所惡也(빈여천, 시인지소오야) 가난과 천함, 이는 사람들이 싫어하는 바이다.

우리말 해석

악행이 사소하다고 함부로 하지 말고 선행이 사소하다고 안 하지 말라.

해 설

촉한의 초대 황제 유비가 임종에 즈음하여 아들 유선에게 전한 말이다. 덕행을 널리 베풀어 어질고 현명한 군주가 되길 바라는 마음이 담겼다. 배송지의 주(註)에 따르면 유비는 이외에도 『한서』, 『예기』 등을 말하며 독서에 힘쓰라는 말도 남겼다. 그러나 유선은 자질이 부족한 군주였고 촉한은 유비의 사후 30년 단인 263년에 멸망했다.

02

己所不欲¹⁾, 勿施於人²⁾.
기 소 불 욕　　물 시 어 인

『論語 · 衛靈公』
논 어　위 령 공

jǐ suǒ bú yù, wù shī yú rén.

어휘 설명

1) 己(기) : 자기, 자신 | 欲(욕) : 바라다, 하고자 하다
2) 施(시) : 베풀다, 시행하다

어법 설명

(1) 所(소)

① 所+동사: ~하는 바

幼而不學, 老無所知(유이불학, 노무소지) 어려서 배우지 않으면 늙어서 아는 바가 없다.

② 곳, 장소

此何所也(차하소야) 여기는 어느 곳인가?

자기가 원하지 않는 일은 남에게 하지 말라.

해 설

제자 자공(子貢)이 공자에게 평생 지켜야 할 덕목을 한 가지 말해달라고 하자 공자는 "그것은 서(恕)"라고 대답했다. 용서(容恕)라고 할 때 이 글자를 쓴다. 용납하고 받아들이는 것이다. 서(恕)는 '如(여, 같다)'와 '心(심, 마음)'의 결합이다. 두 사람의 마음이 같아지는 것이다. 본문은 공자가 서(恕)의 의미를 구체적으로 설명하는 말이다. 내 마음으로 미루어 타인의 마음을 짐작하고 헤아린다는 것이다. 공감(empathy)이다. 자공은 노나라, 위나라의 승상을 지냈고, 사업에서도 큰 성공을 이룬 거부였다. 신분이 높아 타인의 처지에 공감하기 어려웠기 때문에 공자가 이 말을 했던 것 같다.

03

恩義廣施[1], 人生何處不相逢[2].
은 의 광 시　　인 생 하 처 불 상 봉

冤仇莫結[3], 路逢狹處難回避[4].
원 구 막 결　　노 봉 협 처 난 회 피

『喻世明言』
유 세 명 언

ēn yì guǎng shī, rén shēng hé chù bù xiāng féng.
yuān chóu mò jié, lù féng xiá chù nán huí bì.

어휘 설명

1) **恩義**(은의) : 은혜와 의리 | **廣**(광) : 넓다 | **施**(시) : 베풀다
2) **相逢**(상봉) : 만나다
3) **冤仇**(원구) : 원한과 원수 | **結**(결) : 맺다
4) **路**(로) : 길 | **逢**(봉) : 만나다 | **狹**(협) : 좁다 | **回避**(회피) : 회피하다

(1) 處(처)

　① (chǔ) 처하다

　　處衆人之所惡(처중인지소오) 모두가 싫어하는 곳에 처한다.

　② (chù) 장소

　　客從何處來(객종하처래) 나그네는 어디서 오셨나요?

(2) 莫(막) : (금지) ~말라

　疑人莫用, 用人勿疑(의인막용, 용인물의) 남을 의심한다면 쓰지 말고, 남을 썼다면 의심
　하지 말라.

우리말 해석

은혜와 의리를 널리 베풀라. 인생 살다보면 어느 곳에서 만나지 않으랴. 원수를 맺지 말라. 길 가
다 협소한 곳에서 만나면 피하기 어렵다.

해 설

『유세명언』: 명나라 말기 풍몽룡(馮夢龍, 1574~1646)이 민간에 떠도는 이야기를 모아 엮은 백화
단편소설집. 총 40권으로 40편의 소설이 수록되어 있다. 얼마 후에 출판된『경세통언(警世通言)』,
『성세항언(醒世恒言)』과 함께 삼언(三言)이라고 불린다. 대부분 송원명 시기의 화본(話本, 이야기
꾼의 대본) 소설로 애정, 결혼, 우정 등 도시 생활과 관련된 내용이다.

04

水至淸則無魚¹⁾, 人至察則無徒²⁾.

수 지 청 즉 무 어   인 지 찰 즉 무 도

『漢書 · 東方朔傳』
한 서   동 방 삭 전

shuǐ zhì qīng zé wú yú, rén zhì chá zé wú tú.

어휘 설명

1) 至(지) : 지극하다 | 淸(청) : 맑다
2) 察(찰) : 살피다 | 徒(도) : 무리

어법 설명

則(칙, 즉)

① (칙) 법칙, 원칙

地不易其則(지불역기칙) 땅은 그 법칙을 바꾸지 않는다.

② (즉) (가정) ~하면 곧~

至誠則金石爲開(지성즉금석위개) 지극히 정성스러우면 쇠와 바위도 열린다.

물이 너무 맑으면 고기가 없고 사람이 지나치게 살피면 따르는 이가 없다.

『한서』: 동한 시대 반고(班固, 32~92)가 쓴 역사서. 한 고조 원년(B.C. 206)부터 신나라 왕망 4년 (23)까지 약 230년의 역사를 기록했으며 24사(二十四史)의 하나이다. 사마천 『사기』의 형식을 따라 기전체로 구성했으며 기(紀), 표(表), 지(志), 전(傳) 등으로 나누어져 있다. 동방삭(東方朔, B.C. 154?~B.C. 93?)은 서한 문인으로 해학이 넘치는 언행으로 무제의 총애를 받은 인물이다. 민 간에 많은 기담이 전하며 '삼천갑자동방삭'이라는 호칭이 있다.

01 君子三樂(군자삼락)

君子有三樂, 而王天下不與存焉¹⁾.
군 자 유 삼 락 이 왕 천 하 불 여 존 언

父母俱存²⁾, 兄弟無故³⁾, 一樂也.
부 모 구 존 형 제 무 고 일 락 야

仰不愧於天⁴⁾, 俯不怍於人⁵⁾, 二樂也.
앙 불 괴 어 천 부 부 작 어 인 이 락 야

得天下英才而敎育之⁶⁾, 三樂也.
득 천 하 영 재 이 교 육 지 삼 락 야

君子有三樂, 而王天下不與存焉.
군 자 유 삼 락 이 왕 천 하 불 여 존 언

『孟子·盡心上』
맹 자 진 심 상

jūn zǐ yǒu sān lè, ér wáng tiān xià bù yǔ cún yān.
fù mǔ jù cún, xiōng dì wú gù, yī lè yě.
yǎng bú kuì yú tiān, fǔ bú zuò yú rén, èr lè yě.
dé tiān xià yīng cái ér jiào yù zhī, sān lè yě.
jūn zǐ yǒu sān lè, ér wáng tiān xià bù yǔ cún yān.

1) 王(왕) : 왕, 왕 노릇하다, 왕이 되다 | 天下(천하) : 천하, 온 세상 | 存(존) : 있다
2) 俱(구) : 모두
3) 故(고) : 사고, 변고
4) 仰(앙) : (위로) 우러러보다 | 愧(괴) : 부끄러워하다
5) 俯(부) : (아래로) 굽어보다 | 怍(작) : 부끄러워하다
6) 得(득) : 얻다 | 英才(영재) : 뛰어난 재능을 가진 인물

어법 설명

焉(언)

① (의문사) 어찌, 어떻게

焉避其難(언피기난) 어떻게 그 난을 피할까?

② 於之(어지)의 축약형

萬物育焉(만물육언) 만물이 여기에서 자란다.

③ 也(야), 矣(의)처럼 문장의 종결을 표시

今其室十無一焉(금기실십무일언) 지금은 그런 집이 열 집에 하나도 없습니다.

우리말 해석

군자의 세 가지 즐거움

군자에겐 세 가지 즐거움이 있으니 천하에 왕이 되는 것은 거기에 들어 있지 않다. 부모가 모두 계시고 형제가 무고한 것이 첫 번째 즐거움이다. 우러러 하늘에 부끄럽지 않고 굽어 사람들에게 부끄럽지 않은 것이 두 번째 즐거움이다. 천하의 영재를 얻어 교육시키는 것이 세 번째 즐거움이다. 군자에겐 세 가지 즐거움이 있으니 천하에 왕이 되는 것은 거기에 들어 있지 않다.

군자는 유가에서 이상적으로 생각하는 인격의 개념이다. 『논어』에서 군자는 돈이나 권력 같은 세속적 가치보다는 인의와 도덕을 더 중시했다. 맹자 역시 가정의 평안, 양심의 떳떳함, 교육이 인생의 가장 중요한 요소라고 강조한다. 주희(朱熹)는 하나는 하늘에 달려 있고, 하나는 타인에게 달려있으며, 오직 한 가지만 자신의 힘으로 할 수 있는 것이라 말했다. 각각 첫 번째 즐거움(一樂), 세 번째 즐거움(三樂), 두 번째 즐거움(二樂)을 말한다.

02   長恨歌傳(장한가전)

“上憑肩而立[1]. 因仰天感牛女事[2], 密相誓心[3],
상 빙 견 이 립   인 앙 천 감 우 녀 사   밀 상 서 심

願世世爲夫婦. 言畢[4], 執手各嗚咽[5]. 此獨君王知之耳[6].”
원 세 세 위 부 부   언 필   집 수 각 오 열   차 독 군 왕 지 지 이

因自悲曰[7], “由此一念, 又不得居此. 復墮下界[8],
인 자 비 왈   유 차 일 념 우 부 득 거 차   부 타 하 계

且結後緣[9]. 或爲天, 或爲人, 決再相見[10], 好合如舊[11].”
차 결 후 연   혹 위 천 혹 위 인 결 재 상 견   호 합 여 구

因言, “太上皇亦不久人間[12], 幸惟自安[13], 無自苦耳.”
인 언   태 상 황 역 불 구 인 간   행 유 자 안   무 자 고 이

「長恨歌傳」
장 한 가 전

“shàng píng jiān ér lì. yīn yǎng tiān gǎn niú nǚ shì, mì xiāng shì xīn,
yuàn shì shì wéi fū fù. yán bì, zhí shǒu gè wū yè. cǐ dú jūn wáng zhī zhī ěr.”
yīn zì bēi yuē, “yóu cǐ yī niàn, yòu bú dé jū cǐ. fù duò xià jiè,
qiě jié hòu yuán. huò wéi tiān, huò wéi rén, jué zài xiāng jiàn, hǎo hé rú jiù.”
yīn yán, “tài shàng huáng yì bù jiǔ rén jiān, xìng wéi zì ān, wú zì kǔ ěr.”

1) 上(상) : 임금, 황제 **|** 憑(빙) : 기대다 **|** 肩(견) : 어깨

2) 仰(앙) : 우러러보다 **|** 牛女事(우녀사) : 견우직녀의 일

3) 密(밀) : 은밀하다 **|** 誓(서) : 맹세하다

4) 畢(필) : 마치다, 끝내다

5) 嗚咽(오열) : 목이 메어 흐느껴 울다

6) 耳(이) : (한정을 나타내는 종결사) ~일 뿐이다

7) 因(인) : 이어서, 그러고 나서

8) 墮(타) : 떨어지다 **|** 下界(하계) : 인간 세상

9) 且(차) : 또한 **|** 結(결) : 맺다 **|** 後緣(후연) : 차후의 인연

10) 決(결) : 꼭, 반드시

11) 好合(호합) : 화목하게 지내다 **|** 如(여) : ~와 같다 **|** 舊(구) : 옛날

12) 太上皇(태상황) : 현종. 당시 현종은 제위를 태자에게 물려주고 태상황이 되었다. **|**
    人間(인간) : 인간 세상

13) 幸(행) : 바라다 **|** 惟(유) : 단지, 다만

어법 설명

(1) 因(인)

   ① ~때문에

     不可因貧而廢學(불가인빈이폐학) 가난 때문에 공부를 그만두면 안 된다.

   ② 인하여, 이어서. 뒤에 어떤 일이 일어날 때 이어주는 말

     請以劍舞, 因擊沛公於坐(청이검무, 인격패공어좌) 검무를 청하고, 이어서 패공을 그 자
     리에서 쳐라.

(2) 得(득)

① (동사) 얻다

漢皆已得楚乎(한개이득초호) 한나라가 이미 초나라를 모두 얻었는가?

② (조동사) ~할 수 있다. 같은 용법으로 可(가), 能(능), 足(족), 足以(족이), 得以(득이) 등이 있다.

焉得知(언득지) 어떻게 알 수 있는가?

장한가전

"황제께서는 제 어깨에 기대시더니 일어나셨습니다. 그리고 하늘을 올려보며 견우직녀의 이야기에 감동하셔서 은밀히 마음에 맹세하셨습니다. 다음 생에도 대대로 부부가 되길 원한다고. 말을 마친 후 손을 잡고 각자 목이 메어 오열했습니다. 이는 오직 군왕께서만 아실뿐입니다." 그러고 나서 스스로 슬퍼하며 말했다. "이런 생각 때문에 더 이곳에 살 수가 없습니다. 다시 하계에 떨어져 또 차후의 인연을 맺고자 하니, 혹 하늘이든 혹 세상이든 결국엔 다시 만나 옛날처럼 함께 지낼 것입니다." 이어서 말했다. "태상황께서도 세상에 오래 계시지 못하니 스스로 편안하게 계시고 홀로 괴로워하지 마시길 바랄 뿐입니다."

해 설

「장한가전」: 당 현종과 양귀비의 파란만장한 러브 스토리를 쓴 진홍(陳鴻)의 전기소설. 당 현종 사후 50여 년 후 진홍이 백거이, 왕질부 등과 선유사로 나들이를 갔다가 세간에 전하는 당 현종과 양귀비의 고사에 감동하여 백거이는 서사시 「장한가」를, 진홍은 소설 「장한가전」을 지었다고 한다. 「장한가전」의 내용은 크게 현종이 양귀비에 빠져 정사를 돌보지 않다가 안사의 난 때 양귀비가 죽음을 맞는 전반부, 현종의 명을 받은 도사가 염력으로 선계에서 양귀비의 영혼을 만나 이루지 못한 사랑의 한을 아쉬워하는 후반부로 구성되어 있다.

제3절 한시 감상

「遊子吟[1](유자음)」

孟郊
맹교

慈母手中線[2], 遊子身上衣.
자 모 수 중 선   유 자 신 상 의

臨行密密縫[3], 意恐遲遲歸[4].
임 행 밀 밀 봉   의 공 지 지 귀

誰言寸草心[5], 報得三春暉[6].
수 언 촌 초 심   보 득 삼 춘 휘

cí mǔ shǒu zhōng xiàn, yóu zǐ shēn shàng yī.
lín xíng mì mì féng, yì kǒng chí chí guī.
shéí yán cùn cǎo xīn, bào dé sān chūn huī.

1) 遊子(유자) : 나그네, 떠돌이

2) 慈母(자모) : 자애로운 어머니 | 手(수) : 손 | 線(선) : 실

3) 臨行(임행) : 떠날 즈음 | 密密(밀밀) : 촘촘하다 | 縫(봉) : 꿰매다

4) 恐(공) : 두려워하다 | 遲遲(지지) : 더디다, 늦다

5) 寸草心(촌초심) : 짧은 풀의 마음. 寸(촌)은 손가락 한 마디의 길이

6) 報得(보득) : 보답할 수 있다 | 三春暉(삼춘휘) : 봄날 3개월의 햇볕

나그네의 노래

인자하신 어머니 실을 손에 들고, 길 떠나는 아들의 옷을 깁네.

떠나는 길 촘촘히 꿰매는 것은, 돌아오는 길 더딜까 걱정하는 마음이네.

누가 말했던가, 짧은 풀 한 포기, 봄날 햇볕의 은혜에 보답할 수 있다고.

「유자음」 맹교(751~814) : 중당 시기의 저명한 시인. 한유, 가도 등과 한맹시파 시인으로 분류된다. 가도와 마찬가지로 시어의 선택과 퇴고에 고심했기 때문에 시수(詩囚)라는 별칭을 얻었다. 일생 불우했던 시인이다. 오랫동안 과거에 낙방하여 실의하다가 46세에 진사에 합격했다. 이 시는 제목에 "율상에서 모친를 맞이하며 지었다(迎母溧上作)"라는 주가 있다. 50세에 처음으로 율양 현위가 되어 어머니를 모실 때 지은 시이다. 모친 사망 후 얼마 지나지 않아 사직하고 관직에 나가지 않았다고 한다.

羊(양 양)과 관련된 글자

중국 운남성 창원(滄源) 구석기 암각화

美(미)는 '아름다움'을 의미한다. 갑골문 자형은 팔 벌린 사람이 양가죽을 머리에 쓴 모습이다. 고대인들의 의식 속에서 아름다움은 양과 밀접한 관계가 있다. 양의 고기와 젖, 가죽은 농경민들의 생활에 큰 도움을 제공하고 신성한 제사에도 바쳐진다. 양가죽을 머리에 쓴 이 사람은 부족을 이끄는 지도자 또는 제사장이다. 양이라는 글자도 머리의 뿔을 강조하는데 뿔은 권위와 힘의 상징이다. 중국 운남성 창원(滄源)에서는 구석기인들의 암각화가 발견되었는데 양가죽을 머리에 쓰고 몸에 짐승의 털을 꽂은 사람의 모습이 있다.

羊(양)으로 만들어진 글자는 대체로 좋은 의미이다. 善(착할 선)은 '(마음이) 착하다'라는 뜻 외에 '훌륭하다, 좋다' 등 포괄적인 긍정의 의미로 사용되었다. 羊(양)과 2개의 言(말씀 언)이 결합한 모습이다. 羞(부끄러워할 수)는 양을 손으로 받치고 있는 모습이다. 아마도 양고기를 구워 다른 이에게 주려고 손에 들고 있는 것 같다. 그 외에도 義(옳을 의), 群(무리 군), 羨(부러워할 선) 등이 羊(양)과 관련된 한자다.

羊 (양 양)	美 (아름다울 미)	善 (착할 선)	羞 (부끄러울 수)

노자와 장자

　노자(老子 ?~?)는 춘추 시대의 사상가로 알려진 행적이 거의 없다. 『사기』에 따르면 초나라 사람으로 이름이 이이(李耳), 자는 담(聃)이며 공자와 만난 적이 있다고 한다. 저작인 『노자』는 글자 수가 5,200여 자이며 총 81장으로 『도덕경』이라고도 부른다. 노자가 함곡관을 나설 때 관소를 지키던 윤희의 청으로 적었다는 일화가 전한다. 짧고 함축적인 문체인 데다 추상적이고 형이상학적인 내용이라 해석에 다양한 학설이 있다. 위진 시기 왕필이 18세에 썼다는 『노자주』가 유명하다.

　다음은 『노자』의 첫 구절이다. "도를 말할 수 있다면 불변의 도가 아니다. 이름을 이름할 수 있다면 불변의 이름이 아니다. 무는 천지의 시작을 이름하는 것이고 유는 만물의 어머니를 이름하는 것이다.(道可道 非常道, 名可名 非常名. 無名天地之始, 有名萬物之母.)" 노자는 우주의 근본 원리를 도라고 불렀다. 도는 인간의 사유를 초월하기 때문에 인간의 인식과 언어로 파악할 수 없다. 그는 도의 근원으로 무와 유의 개념을 제시했다. 노자의 사상은 공자의 사상과 상대되는 면이 많다. 노자는 무위(無爲)를 주장하며 인위적인 제도와 행위를 부정했다. 인간 본연의 자연스러움을 해친다고 생각했기 때문이다. 그래서 지식보다는 명상을 중시했고 책을 읽거나 쓰는 학문적 행위도 비판했다.

　장자(莊子, B.C. 369?~B.C. 286?)는 전국 시대 사상가로 이름은 장주(莊周)이다. 노자의 무위자연 사상을 계승했기 때문에 이들의 사상을 노장 사상이라 한다. 현실 정치와 사회에 부정적이었고 자연의 도와 하나가 되는 삶을 추구했다. 노자의 사상은 정치적 성격이 강했지만, 장자의 사상은 개인의 정신적 자유와 행복을 더 중시했다. 저작 『장자』는 기발한 상상력으로 흥미로운 스토리의 우화를 만들고 우화를 통해 자신의 철학을 전달했다. 그래서 분량도 길다.

　호접몽(胡蝶夢)은 『장자』에 나오는 유명한 우화로 내용은 다음과 같다. "옛날에 장자가 나비가 되었다. 나비는 즐겁게 날면서 자신이 장자인 것을 몰랐다. 그러다 문득 자신이 장자라는 것을 깨달았다. 장자가 꿈에 나비가 된 것인지, 아니면 나비가 꿈에 장자가 된 것인지 알 수가 없었다. 이를 물화(物化)라고 한다."

이야기 속에서 장자와 나비는 구분이 없다. 장자가 나비가 된 것일 수도 있고 나비가 장자가 된 것일 수도 있다. 이처럼 모든 가치는 상대적이기 때문에 내가 안다고 생각한 것이 틀린 것일 수도 있고 그 반대일 수도 있다. 인간의 인식은 불완전하기 때문에 눈에 보이는 현상에 얽매이지 말고 만물과 하나가 되는 절대 자유의 경지를 추구해야 한다. 장자는 인간의 인식뿐 아니라 학문과 지식도 부정했다. 책을 옛사람의 찌꺼기라고 비유했다. 깨달음은 말과 문자로 전해질 수 없기 때문이다. 또 생명은 유한하고 지식은 무한한데 유한한 것으로 무한한 것을 추구하면 육체가 피로를 감당하지 못할 것이라고도 했다.

장자의 철학은 허무주의적이고 현실 회피적이라는 비판도 많다. 특히 노신은 장자와 불교가 중국의 역사를 망친 주범이라고 신랄하게 비판한 바 있다.

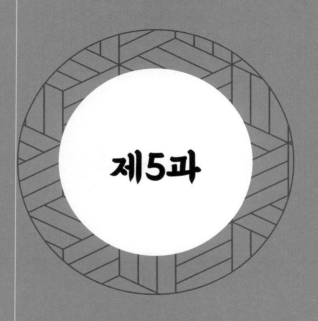

제5과

01

厲之人¹⁾, 夜半生其子²⁾, 遽取火而視之³⁾,
여 지 인   야 반 생 기 자   거 취 화 이 시 지

汲汲然⁴⁾, 唯恐其似己也⁵⁾.
급 급 연   유 공 기 사 기 야

『莊子·天地』
장 자   천 지

lì zhī rén, yè bàn shēng qí zǐ, jù qǔ huǒ ér shì zhī,
jí jí rán, wéi kǒng qí sì jǐ yě.

어휘 설명

1) 厲之人(여지인) : 문둥병에 걸린 사람. 厲(여)는 癘(문둥병 여)의 약자이다.

2) 夜半(야반) : 한밤중

3) 遽(거) : 갑자기, 황급히 | 取火(취화) : 불을 가져오다

4) 汲汲然(급급연) : 허둥거리는 모양

5) 唯(유) : 오직, 오로지 | 恐(공) : 두려워하다 | 似(사) : 닮다

문둥병자가 한밤중에 자식을 낳았는데 서둘러 불을 가져와 아이를 비춰보았다. 그가 허둥거린 것은 오직 그 아이가 자신을 닮았을까 두려웠기 때문이다.

해 설

『장자』: 전국 시대 사상가 장자(莊子, B.C. 369?~B.C. 286?)의 저작. 장자의 철학은 역사, 사회보다 개인의 안심입명(安心立命)에 중점을 둔다. 세속의 부귀와 명성에 욕심내지 말고 현실에 구속되지 않는 정신의 자유를 추구할 것을 주장했다. 삶과 죽음을 물질적 관점에서 보았고 선악, 미추 등 모든 가치는 상대적이라고 생각했다. 유가에서 말하는 도덕과 윤리, 학문과 지식의 가치를 부정했다. 「내편」, 「외편」, 「잡편」으로 구성되어 있는데, 「내편」만 본인이 직접 쓴 것으로 알려졌다.

02

詩有之[1], "高山仰止, 景行行止[2]."
시 유 지　　고 산 앙 지　경 항 행 지

雖不能至, 然心嚮往之[3].
수 불 능 지　연 심 향 왕 지

『史記 · 孔子世家』
사 기　공 자 세 가

shī yǒu zhī, "gāo shān yǎng zhǐ, jǐng háng xíng zhǐ."
suī bù néng zhì, rán xīn xiàng wǎng zhī.

어휘 설명

1) 詩(시): 춘추 시대의 시집 『시경』
2) 高山(고산): 높은 산 | 仰(앙): 우러러보다 | 止(지): (어조사) 뜻이 없다. | 景行(경항): 큰
   길 | 行(행): 가다
3) 雖(수): 비록 | 至(지): 이르다 | 嚮往(향왕): 동경하다, 그리워하다. 向往(향왕)과 같다.

우리말 해석

시에 "높은 산을 우러러보며 큰길을 간다"라는 구절이 있다. 비록 나는 그 경지에 이를 수는 없지
만 마음으로 공자를 동경했다.

사마천은 『시경』의 한 구절을 인용하여 공자에 대한 존경심을 표현했다. 『詩經(시경)·小雅(소아)·車轄(거할)』에 나오는 구절로 "높은 산을 우러러보며 큰길을 간다"라는 의미이다. 원래는 결혼식의 풍경을 묘사한 내용인데 사마천은 이 구절을 차용하여 공자의 고결한 인격과 떳떳한 삶을 비유했다. 줄여서 "高山景行(고산경항)"이라고도 한다. 원래 「세가(世家)」는 제후의 전기를 수록하는 편장인데 공자의 전기가 「세가」에 수록된 것은 공자에 대한 사마천의 평가를 보여준다.

老吾老[1], 以及人之老. 幼吾幼[2], 以及人之幼.
노 오 로   이 급 인 지 로   유 오 유   이 급 인 지 유

『孟子 · 梁惠王上』
맹 자   양 혜 왕 상

lǎo wú lǎo, yǐ jí rén zhī lǎo. yòu wú yòu, yǐ jí rén zhī yòu.

어휘 설명

1) 老吾老(노오로) : 우리 집 노인(어버이)을 봉양하다. 앞의 老(노)는 동사. '노인으로 모시다, 봉양하다'라는 뜻

2) 幼吾幼(유오유) : 우리 집 아이를 보살피다. 앞의 幼(유)는 동사. '아이로 키우다, 보살피다'라는 뜻.

어법 설명

(1) 以(이)

① (도구) ~로써, ~을 가지고

願以十五城請易璧(원이십오성청역벽) 열다섯 개의 성으로 구슬과 바꾸자고 청하길 원한다.

② (앞의 내용을 받아) 그렇게 함으로써

作師說以貽之(작사설이이지) 「사설」을 지어 그에게 준다.

(2) 及(급)

① 미치다, 닿다, 도달하다

不及黃泉, 無相見也(불급황천, 무상견야) 황천에 가기 전에는 만나지 않겠다.

② ~와,

予及汝偕亡(여급여해망) 나는 너와 함께 망할 것이다.

우리말 해석

내 어버이를 잘 받들어 이로써 남의 부형에까지 미치고, 내 집 아이를 잘 보살펴 이로써 남의 아이에까지 미친다.

해 설

유가에서는 수신제가치국평천하(修身齊家治國平天下)처럼 개인의 내면적 도덕심이 이웃으로 확대되고, 다시 국가로 확대되어 이상적인 사회를 만들 수 있다고 보았다. 본문의 내용도 마찬가지이다. 이웃을 사랑하는 마음은 한순간에 생겨나는 것이 아니라, 우선 내 아이와 내 부모를 사랑하는 마음이 있어야 그 마음이 확대되어 이웃에게 닿는 것이다. 맹자는 또 "가족을 친애하고 백성을 어질게 대하며, 백성을 어질게 대하고 만물을 아낀다(親親而仁民, 仁民而愛物)"라고 했다. 맹자의 관점에서 볼 때, 모든 인류를 공평하게 사랑한다면 그건 인간의 본성이 아니라 위선이다.

04

視人之國若視其國[1], 視人之家若視其家,
시 인 지 국 약 시 기 국   시 인 지 가 약 시 기 가

視人之身若視其身.
시 인 지 신 약 시 기 신

『墨子 · 兼愛』
묵 자   겸 애

shì rén zhī guó ruò shì qí guó, shì rén zhī jiā ruò shì qí jiā,
shì rén zhī shēn ruò shì qí shēn.

어휘 설명

1) 視(시) : 보다 | 人(인) : 남, 타인

어법 설명

若(약)

① ~와 같다

上善若水(상선약수) 최고의 선은 물과 같다.

② (가정) 만약 ~라면

魏徵若在(위징약재) 위징이 만약 있었더라면

③ (2인칭) 너, 그대

吾翁卽若翁(오옹즉약옹) 내 아버지가 곧 너의 아버지이다.

우리말 해석

타인의 국가를 자신의 국가처럼 보고 타인의 집안을 자신의 집안처럼 보며 타인의 신체를 자신의 신체처럼 본다.

해 설

『**묵자**』: 전국 시대 사상가 묵자(墨子, B.C. 480?~B.C. 390?)의 저작. 묵자는 묵형(얼굴에 먹물로 문신을 새기는 형벌)을 받은 죄수라는 설도 있고, 목수 등의 장인이라는 설도 있다. 묵자의 사상은 사회적 약자의 입장을 대변했고 개혁적 성격이 강했기 때문에 하층 민중들의 강력한 지지를 받았다. 전쟁을 반대했고 검약을 강조했으며 예악도 상류층의 기호에 영합하는 것이기 때문에 폐지해야 한다고 주장했다. 특히 친족과 이웃을 구분하지 않는 겸애(兼愛) 사상을 주장하며 유가의 사상을 차별적이라고 공격했다.

01 三人行(삼인행)

三人行而一人惑¹⁾, 所適者猶可致也²⁾. 惑者少也³⁾.
삼 인 행 이 일 인 혹　　소 적 자 유 가 치 야　　혹 자 소 야

二人惑則勞而不至⁴⁾, 惑者勝也⁵⁾. 而今也以天下惑,
이 인 혹 즉 노 이 부 지　　혹 자 승 야　　이 금 야 이 천 하 혹

予雖有祈嚮⁶⁾, 不可得也. 不亦悲乎?
여 수 유 기 향　　불 가 득 야　　불 역 비 호

『莊子 · 天地』
장 자　　천 지

sān rén xíng ér yī rén huò, suǒ shì zhě yóu kě zhì yě. huò zhě shǎo yě.
èr rén huò zé láo ér bú zhì, huò zhě shèng yě. ér jīn yě yǐ tiān xià huò,
yǔ suī yǒu qí xiàng, bú kě dé yě. Bú yì bēi hū?

1) 惑(혹) : 미혹되다

2) 適(적) : 가다 | 猶(유) : 아직, 오히려 | 致(치) : 이르다, 도달하다

3) 少(소) : 적다

4) 勞(로) : 힘쓰다, 고생하다 | 至(지) : 이르다, 도달하다

5) 勝(승) : 우세하다

6) 予(여) : 나 | 雖(수) : 비록 | 祈嚮(기향) : 바라는 목표. 嚮은 向(향할 향)과 같다.

어법 설명

(1) 所(소)+동사 : ~하는 바

   所愛者, 橈法活之(소애자, 요법활지) 아끼는 사람은 법을 구부려 그를 살린다.

(2) 乎(호)

   ① ~에, ~에서, ~에게

   生乎楚, 長乎楚(생호초, 장호초) 초나라에서 태어나 초나라에서 자랐다.

   ② (비교) ~보다

   固先乎吾(고선호오) 진실로 나보다 앞선다.

   ③ (의문) 문미에 사용. 현대 중국어의 吗(마, ma)와 같다.

   王侯將相寧有種乎(왕후장상영유종호) 왕후장상이라고 어찌 종자가 따로 있겠는가?

우리말 해석

세 사람이 길을 가다

세 사람이 길을 가는데 한 사람이 의혹에 빠진다면 목적지에 도달할 수 있다. 헤매는 이가 적기

때문이다. 두 사람이 의혹에 빠진다면 수고만 할 뿐 이르지 못한다. 헤매는 이가 우세하기 때문이다. 그런데 지금은 천하가 의혹에 빠져 있기 때문에 내가 비록 바라는 방향이 있으나 얻을 수 없다. 어찌 슬프지 않은가?

해 설

공자는 "세 사람이 길을 가면 반드시 거기에 나의 스승이 있다(三人行, 必有我師焉)"라고 했다. 『주역』에서는 "세 사람이 길을 가면 한 사람을 잃고, 한 사람이 길을 가면 친구를 얻는다(三人行, 則損一人. 一人行, 則得其友)"라고 했다. 본문의 내용은 여기 지혜로운 자가 있지만 어리석은 다수에 의해 혼란을 벗어나지 못하는 현실을 냉철하게 비판하고 있다.

02 智子疑鄰(지자의린)

宋有富人, 天雨牆壞[1]. 其子曰, "不築[2], 必將有盜[3]."
송 유 부 인   천 우 장 괴   기 자 왈   불 축   필 장 유 도

其鄰人之父亦云[4]. 暮而果大亡其財[5], 其家甚智其子[6],
기 인 인 지 부 역 운   모 이 과 대 망 기 재   기 가 심 지 기 자

而疑鄰人之父[7].
이 의 인 인 지 부

『韓非子 · 說難』
한 비 자   세 난

sòng yǒu fù rén, tiān yǔ qiáng huài. qí zǐ yuē, "bú zhù, bì jiāng yǒu dào."
qí lín rén zhī fù yì yún. mù ér guǒ dà wáng qí cái, qí jiā shèn zhì qí zǐ,
ér yí lín rén zhī fù.

어휘 설명

1) 雨(우) : 비가 오다 | 牆(장) : 담장 | 壞(괴) : 무너지다

2) 築(축) : 쌓다, 짓다

3) 將(장) : 장차 | 盜(도) : 도둑

4) 鄰(린) : 이웃 | 亦(역) : 또 | 云(운) : 말하다

5) 暮(모) : 저물다 | 果(과) : 과연 | 亡(망) : 잃다 | 財(재) : 재물

6) 甚(심) : 심히 | 智(지) : 지혜, 지혜롭게 여기다

7) 疑(의) : 의심하다

將(장)

　　① 장수, 인솔하다, 거느리다

　　　　陛下不能將兵, 而善將將(폐하불능장병, 이선장장) 폐하는 병사를 통솔하는 일에는 능하지 않으시나 장수를 잘 통솔하십니다.

　　② 장차 ~하려고 하다

　　　　我將東徙(아장동사) 나는 장차 동쪽으로 이사 가려고 한다.

아들을 지혜롭다 여기고 이웃을 의심하다

송나라에 부자가 있었는데 하늘에서 비가 내려 담장이 무너졌다. 그 아들이 말했다. "다시 쌓지 않으면 반드시 앞으로 도둑이 들 것입니다." 이웃집 사람의 아버지도 또한 그렇게 말했다. 밤이 되어 과연 크게 재물을 도둑맞았다. 그 집에서는 아들을 매우 지혜롭다고 여기면서 이웃집 사람의 아버지를 의심했다.

『세난』은 타인을 설득하는 일의 어려움을 설명하는 편장이다. 세난(說難)의 '說(설, 열, 세)'는 여기서 '유세하다'의 뜻이다. 사물은 의심의 시각으로 바라보면 모든 것이 의심스럽지만 애정이 담긴 시각으로 바라보면 모든 것이 사랑스럽다. 이 우화는 주관과 편견이 객관적인 판단을 방해한다고 비판한다. 역린(逆鱗), 여도지죄(餘桃之罪) 이야기(105쪽 참조)가 나오는 것도 이 편장이다.

「尋隱者不遇[1](심은자불우)」

賈島
가도

松下問童子, 言師採藥去[2].
송 하 문 동 자   언 사 채 약 거

只在此山中[3], 雲深不知處[4].
지 재 차 산 중   운 심 부 지 처

sōng xià wèn tóng zǐ, yán shī cǎi yào qù.
zhǐ zài cǐ shān zhōng, yún shēn bù zhī chù.

어휘 설명

1) 尋(심) : 찾다 | 隱者(은자) : 세상을 피해 은둔하는 사람 | 不遇(불우) : 만나지 못하다

2) 採(채) : 캐다, 채취하다 | 藥(약) : 약초

3) 只(지) : 단지, 다만 | 此(차) : 이

4) 深(심) : 깊다 | 處(처) : 장소, 있는 곳

은자를 찾아갔으나 만나지 못하다

소나무 아래에서 동자에게 물었더니, 스승님은 약초를 캐러 가셨다고 하네.

다만 이 산중에 계시긴 한데, 구름이 깊어 계신 곳을 알 수 없다네.

해 설

「심은자불우」 가도(779~843) : 중당 시인. 한유, 맹교 등과 한맹시파의 시인으로 분류된다. 승려였다가 후에 환속했는데 "推敲(퇴고)" 일화의 주인공으로 유명하다. 가도는 "鳥宿池邊樹, 僧推月下門(조숙지변수 승퇴월하문)"라는 시구에 대해 깊은 사색을 하다가 당시 고관이었던 한유의 행차와 충돌했다. '推(밀 퇴)' 자와 '敲(두드릴 고)' 자를 놓고 고민한다고 말했더니 한유가 '敲' 자를 추천했다고 한다.

이 시의 묘미는 스승님을 만나지 못했다는 것이다. 만약 만났다면 시가 되지 못했을 것이다. 스승님은 어떤 분인지, 왜 이 깊은 산에 사는지, 손님은 왜 스승님을 찾아왔는지 알 수 없다. 의도적으로 독자들의 상상을 유발한다. 구름이 깊은 산은 스승님의 높은 경지를 짐작하게 한다.

國(나라 국)

　나라를 국가(國家)라고 부르는 것은 나라가 가정(家)의 확대된 형태라는 인식 때문이다. 가정의 집합체인 마을을 의미하는 邑(고을 읍)은 성(口)과 앉아 있는 사람(巴)의 결합이다. 사람들이 앉아 있고 그들을 보호하는 성벽이 둘러쳐진 모습이다. 도시라고 할 때의 市(저자 시)는 시장의 뜻에서 발전하여 도시가 되었다. 흩어져 살던 사람들이 물건을 교환하기 위해 모여들면서 도시가 형성되었음을 알 수 있다. 교회를 중심으로 광장이 형성되고 원형으로 길이 뻗어나간 형태의 서양 도시와는 대조적이다.

　國(나라 국)은 큰 성벽 안에 작은 성벽이 있고 작은 성벽을 무기(戈, 창 과)로 지키고 있는 모습이다. 원래는 성이 하나라 或(혹 혹)으로 나라를 표현했는데 或이 '혹시'의 뜻을 갖게 되면서 밖을 둘러싼 성벽을 하나 더 만들게 되었다. 실제로 안의 성벽을 城(성), 밖의 성벽을 郭(곽)이라고 한다. 或은 의혹의 뜻을 강조하여 心(마음 심)을 붙인 惑(미혹할 혹)으로 발전했고 영토의 뜻을 강조하여 土(흙 토)를 붙인 域(지경 역)도 생겨났다. 이처럼 나라는 창을 들고 지켜야 하는 곳이며 전쟁, 정복과 밀접한 관계가 있는 글자이다.

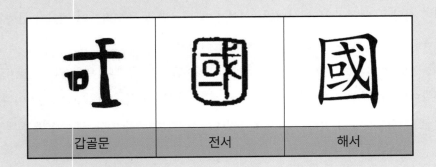

갑골문	전서	해서

한비자의 운명

한비자(韓非子, B.C. 280?~B.C. 233)는 전국 시대 법가 사상가이다. 본명은 한비이며 한(韓)나라 왕족 출신이다. 저작 『한비자』의 뛰어난 논리력이나 설득력과는 다르게 실제로는 말더듬이였다고 한다. 한비자는 진시황을 섬긴 이사와 함께 성악설을 주장한 순자에게 학문을 배웠다. 아마도 그가 정치와 인간관계를 냉철한 이해득실의 관점으로 보면서 인정이 아니라 법으로 통치해야 한다고 생각하게 된 배경일 것이다.

당시 한나라는 약소국이었는데 한비자는 나라를 위한 정책을 수차례 건의했지만 받아들여지지 않아 실망하고 저술에 힘썼다. 그가 쓴 「고분(孤憤)」, 「오두(五蠹)」는 각국에 전해져 진왕의 극찬을 받았다. 훗날 시황제가 된 인물이다. 그는 "이 사람과 만나 교유할 수 있다면 죽어도 여한이 없겠다"라고 했다. 이사는 진왕에게 한비자가 한나라에 있음을 알려주고 한나라를 공격하면 틀림없이 한비자를 사신으로 보낼 것이라고 했다.

과연 한비자는 진왕과 만나 한나라 공격의 무익함을 설득하고 진나라를 위한 정책을 건의했다. 이사를 비롯한 진나라의 대신들은 한비자의 의견이 자신의 조국 한나라의 이익을 위한 것이라고 공격하며 한비자의 처벌을 주장했다. 결국 한비자는 진왕의 신임을 받지 못하고 이사 등의 모함으로 하옥되어 사약을 받고 죽었다. 사마천의 『사기』에 따르면 동문수학했던 이사가 한비자의 재능에 질투와 위기의식을 느끼고 서둘러 제거했다는 것이다.

한비자는 신도, 신불해, 상앙 등의 법가 사상을 계승하고 집대성했다. 바로 법(法), 술(術), 세(勢) 사상의 통합이다. 법은 인정에 얽매이지 않고 엄정하게 상벌을 시행할 수 있는 원칙이다. 술은 신하들을 잘 조종하여 군주가 원하는 대로 국정을 이끌 수 있는 수단이다. 세는 신하와 백성들을 통제할 수 있는 강력한 힘과 권위이다.

『한비자』는 타인을 설득하는 일의 어려움을 상세하게 논했다. 상대방의 마음을 읽고 그에 맞는 말을 해야 하기 때문이다. 상대가 명예욕이 강한데 재물과 이익으로 접근하면 속물이라 무시할 것이다. 반대로 재물과 이익을 원하는데 명예를 얘기하면 고지식하고 세상일에 어둡다고 무시할 것이다. 상대방의 힘이 나와 비슷한 수준이라면 무시에 그치겠지만 절대 권력을 가진 군주라면 목숨이 위험해진다.

『한비자』에는 미자하의 이야기가 있다. 미자하는 미색이 뛰어나 영공의 총애를 받았다. 어느 날 모친의 병이 위중하자 영공의 명이라는 거짓말로 영공의 수레를 타고 나갔다. 영공은 미자하의 효성을 칭찬했다. 영공과 미자하가 같이 수레를 타고 행차할 때 미자하가 자기가 먹던 복숭아를 영공에게 준 일이 있다. 너무 맛있어서 자신도 모르게 준 것이다. 영공은 미자하의 충성심을 칭찬했다. 그러나 세월이 흘러 미자하의 용모가 추해지자 총애도 시들었다. 영공은 미자하가 예전에 먹던 복숭아를 준 놈이라며 처벌했다. 인간의 마음은 상황에 따라 바뀌는 것이다. 이를 여도지죄(餘桃之罪)라 부른다. 또 역린(逆鱗) 이야기도 있다. 용의 목에는 거꾸로 난 비늘이 있는데 평소에는 온순한 용이 이 비늘만 건드리면 분노하여 사람을 해친다. 군주도 마찬가지다. 절대 건드리면 안 되는 역린이 있다. 처세의 중요함을 누구보다 깊이 사고한 한비자도 자신의 불행한 운명은 예견하지 못했다.

제6과

제1절 단문 읽기

01

桃李不言¹⁾, 下自成蹊²⁾.
도 리 불 언　　하 자 성 혜

『史記 · 李將軍列傳』
사 기　　이 장 군 열 전

táo lǐ bù yán, xià zì chéng xī.

어휘 설명

1) 桃李(도리) : 복숭아와 오얏(자두)
2) 蹊(혜) : 오솔길

어법 설명

自(자)

① 자기, 스스로

欲勝人者必先自勝(욕승인자필선자승) 남을 이기려는 자는 반드시 먼저 자신을 이겨야 한다.

② 저절로, 자연히

　　讀書百遍義自見(독서백편의자현) 책을 백 번 읽으면 의미는 저절로 드러난다.

③ ~로부터

　　有朋自遠方來(유붕자원방래) 벗이 먼 곳에서 오다.

복숭아나무, 오얏나무는 말하지 않아도 그 아래엔 저절로 길이 생긴다.

이장군은 한나라 때 명장 이광(李廣, ?~B.C. 119)을 말한다. 활을 잘 쏘고 통솔력이 뛰어나 병사들의 신망이 두터웠고 흉노와의 전쟁에서 많은 공을 세웠다. 흉노들에게 비장군(飛將軍)으로 불리며 경외의 대상이었다고 한다. 본문의 내용은 이광 장군에 대한 사마천의 평가이다.

02

廣出獵¹⁾, 見草中石, 以爲虎而射之²⁾, 中石沒矢³⁾.
광 출 렵　　견 초 중 석　　이 위 호 이 사 지　　중 석 몰 시

『漢書 · 李廣傳』
한 서　　이 광 전

guǎng chū liè, jiàn cǎo zhōng shí, yǐ wéi hǔ ér shè zhī, zhòng shí mò shǐ.

어휘 설명

1) 廣(광) : 한나라의 명장 이광 | 獵(렵) : 사냥, 사냥하다
2) 射(사) : (활이나 총을) 쏘다
3) 沒(몰) : 빠지다, 잠기다 | 矢(시) : 화살

어법 설명

(1) 以爲(이위)

　① ~라고 여기다(생각하다)

　　他日聞鍾, 以爲日也(타일문종, 이위일야) 다른 날 종소리를 듣고 해라고 생각했다.

　② ~로 삼다. 以之爲(이지위)의 축약형

　　軍中無以爲樂(군중무이위락) 군중에는 즐거움을 삼을 만한 일이 없었다.

(2) 中(중)

    ① (zhōng) 가운데

      事變中起(사변중기) 일은 변화 속에서 일어난다.

    ② (zhòng) 적중하다

      百發百中(백발백중) 백 번 쏘아 백 번 적중하다

우리말 해석

이광이 사냥을 나가 풀 속의 바위를 보고 호랑이라고 생각하여 화살을 쐈는데 바위에 적중하여 화살이 박혔다.

해 설

활쏘기에 뛰어난 명장 이광(李廣, ?~B.C.119)의 일화이다. 이광이 호랑이인 줄 알고 활을 쏘았더니 화살이 바위에 박혔는데, 후에 아무리 다시 쏴도 바위에 박히지 않았다고 한다. 한대의 사상가 왕충(王充)은 "정성이 지극한 바이니 금석(金石)이 열렸다"라고 평했고 또 다른 사상가 양웅은 "지극히 정성스러우면 금석(金石)도 열린다"라고 평했다. 극도의 집중력이 초인적인 능력을 발휘했음을 보여주는 일화이다. 이광은 훗날 사마천이 궁형을 당했던 이유가 된 이릉(李陵)의 친조부이다.

03

樹欲靜而風不止[1], 子欲養而親不待[2].
수 욕 정 이 풍 부 지   자 욕 양 이 친 부 대

『韓詩外傳』
한 시 외 전

shù yù jìng ér fēng bù zhǐ, zǐ yù yǎng ér qīn bú dài.

어휘 설명

1) 靜(정) : 고요하다. '動(동)'과 상대되는 개념 | 止(지) : 그치다, 멈추다
2) 子(자) : 자식 | 養(양) : 봉양하다 | 親(친) : 부모 | 待(대) : 기다리다

어법 설명

(1) 欲(욕)

① (명사) 욕심

患生於多欲(환생어다욕) 근심은 많은 욕심에서 생겨난다.

② (조동사) ~하려 하다

己欲立而立人(기욕립이입인) 스스로 서고 싶다면 다른 사람을 세우라.

(2) 而(이) : 말을 이어주는 용법으로 역접, 순접 모두 가능하다.

君子和而不同(군자화이부동) 군자는 화합할 뿐 동화되지는 않는다.

나무는 고요하고자 하나 바람이 그치지 않고 자식은 봉양하고자 하나 어버이는 기다리지 않는다.

해 설

『한시외전』: 서한의 학자 한영(韓嬰)이 쓴 책으로 360개의 교훈적인 언행, 에피소드가 기록되어 있다. 내용은 대부분 유가의 윤리 도덕과 가치관인데 매 구절마다 『시경』의 시구를 인용하여 결론처럼 제시하는 형식이다.

04

王者以民爲天¹⁾, 而民以食爲天²⁾.
왕 자 이 민 위 천　　이 민 이 식 위 천

『漢書 · 酈食其傳』
한 서　　역 이 기 전

wáng zhě yǐ mín wéi tiān, ér mín yǐ shí wéi tiān.

어휘 설명

1) 王者(왕자) : 왕, 통치자 | 民(민) : 백성
2) 食(식) : 곡식

어법 설명

以(이)A爲(위)B : A를 B로 삼다(여기다)

　　以長安君爲質(이장안군위질) 장안군을 인질로 삼다.

우리말 해석

왕은 백성을 하늘로 여기고 백성은 먹는 것을 하늘로 여긴다.

역이기(?~B.C. 203)는 진시황 사후 유방과 항우가 천하를 다툴 때 유방의 휘하에 있던 인물이다. 유방과 처음 대면할 때 유방이 발을 씻으며 무례한 태도를 보이자 크게 호통을 치며 꾸짖었다고 한다. 본문은 역이기가 유방에게 항우의 양식 창고가 있는 오창을 점령해야 한다는 건의를 올리면서 한 말이다. 이때의 일은 『사기』, 『자치통감』에도 상세히 기록되어 있다.

01 望梅止渴(망매지갈)

魏武行役[1], 失汲道[2], 三軍皆渴[3], 乃令曰, "前有大梅林[4],
위 무 행 역   실 급 도   삼 군 개 갈   내 영 왈   전 유 대 매 림

饒子[5], 甘酸可以解渴[6]." 士卒聞之, 口皆出水, 乘此得及前源[7].
요 자   감 산 가 이 해 갈   사 졸 문 지   구 개 출 수   승 차 득 급 전 원

『世說新語 · 假譎』
세 설 신 어   가 휼

wèi wǔ xíng yì, shī jí dào, sān jūn jiē kě, nǎi lìng yuē, "qián yǒu dà méi lín, ráo zǐ,
gān suān kě yǐ jiě kě." shì zú wén zhī, kǒu jiē chū shuǐ, chéng cǐ dé jí qián yuán.

어휘 설명

1) **魏武**(위무) : 위나라 무제 조조(曹操) | **行役**(행역) : 행군을 하다
2) **失**(실) : 잃다 | **汲道**(급도) : 취수로
3) **三軍**(삼군) : 군대의 총칭. 전군 | **渴**(갈) : 목이 마르다
4) **梅林**(매림) : 매실나무 숲

5) 饒(요) : 많다, 넉넉하다 ┃ 子(자) : 열매

6) 甘(감) : 달다 ┃ 酸(산) : 시다 ┃ 解渴(해갈) : 갈증을 해소하다

7) 乘(승) : 타다 ┃ 此(차) : 이 ┃ 及(급) : 닿다, 도달하다 ┃ 源(원) : 수원(水源), 물이 솟는 곳

어법 설명

(1) 乃(내)

① (2인칭) 너, 그대

必欲烹乃翁, 幸分我一盃羹(필욕팽내옹, 행분아일배갱) 반드시 너의 아비를 삶으려 한다면 나에게도 한 그릇 국을 나눠주길 바란다.

② 바로 ~이다

人乃天(인내천) 사람이 바로 하늘이다.

③ 곧, 이에

乃放老馬而隨之, 遂得道(내방노마이수지, 수득도) 이에 늙은 말을 풀어놓고 따라갔더니 마침내 길을 찾을 수 있었다.

(2) 得(득)

① (동사) 얻다

得之於心(득지어심) 그것을 마음에 얻다.

② (조동사) ~할 수 있다. 같은 용법으로 可(가), 能(능), 足(족), 足以(족이), 得以(득이) 등이 있다.

恐不得分路(공부득분로) 길을 비켜서 지나가지 못하게 될까 염려된다.

매실나무를 바라보며 갈증을 풀다

위 무제가 행군을 하는데 물 보급로를 잃어 전군이 모두 갈증에 시달렸다. 이에 명령을 내려 말하길, "앞에 큰 매실나무 숲이 있다. 열매가 많은 데다 맛이 달고 시어서 해갈을 할 수 있다." 병사들이 이 말을 듣고 입에서 침이 흘러 이 틈에 전방에 있는 강에 닿을 수 있었다.

『세설신어』: 남조(南朝) 송나라 때 유의경(劉義慶, 403~444)이 쓴 소설집. 한말에서 동진까지 상류 문벌 귀족들의 언행과 일화를 상세히 기록했다. 구전되는 이야기를 기록했으며 후대 필기문학(筆記文學)의 발전에 많은 영향을 주었다.

02 百戰百勝(백전백승)

百戰百勝, 非善之善也¹⁾. 不戰而屈人之兵²⁾, 善之善者也. (중략)
백 전 백 승   비 선 지 선 야   부 전 이 굴 인 지 병   선 지 선 자 야

知彼知己³⁾, 百戰不殆⁴⁾. 不知彼而知己, 一勝一負⁵⁾.
지 피 지 기   백 전 불 태   부 지 피 이 지 기   일 승 일 부

不知彼不知己, 每戰必敗.
부 지 피 부 지 기   매 전 필 패

『孫子兵法 · 謀攻』
손 자 병 법   모 공

băi zhàn băi shèng, fēi shàn zhī shàn yě. bú zhàn ér qū rén zhī bīng, shàn zhī shàn
zhě yě. (중략)
zhī bǐ zhī jǐ, băi zhàn bú dài. bù zhī bǐ ér zhī jǐ, yī shèng yī fù.
bù zhī bǐ bù zhī jǐ, měi zhàn bì bài.

어휘 설명

1) 善(선) : 훌륭함
2) 屈(굴) : 굽다, 굴복하다 | 兵(병) : 병사
3) 彼(피) : 저, 남 | 己(기) : 자기
4) 殆(태) : 위태롭다
5) 負(부) : 지다

彼(피) : 저(것), 그(것) 등의 의미이다. 상대되는 단어로 此(차)가 있다.

　　　彼此一般(피차일반) 저것이나 이것이나 비슷하다.

우리말 해석

백전백승

백 번 싸워 백 번 이기는 것은 최고의 경지가 아니다. 싸우지 않고 다른 사람의 군대를 굴복시키는 것이 최고의 경지이다. 남을 알고 나를 알면 백 번 싸워도 위태롭지 않다. 남을 모르고 나를 알면 일승일패 한다. 남을 모르고 나를 모르면 싸울 때마다 반드시 진다.

해 설

『손자병법』: 춘추 시대 제나라의 손무(孫武, B.C. 545?~B.C. 470?)가 쓴 것으로 알려진 병법서. 『손무병법』이라고도 부른다. 손무는 오자서의 추천으로 오왕 합려를 도와 오나라를 강대국으로 만들고 만년에 『손자병법』을 저술했다. 전쟁의 개념, 전쟁 시 전략과 전술의 원칙, 상황에 따른 구체적 해법 등 다양한 내용을 다루고 있다. 손자는 전쟁을 국가적 목표를 달성하기 위한 수단이며 정치의 연장선에 있다고 본다. 따라서 무력을 사용하지 않고 외교적 방법 등으로 자국의 목표를 달성하거나 상대의 목표를 좌절시키는 것이 최선이라고 생각한다. 무력으로 상대를 굴복시키는 것은 최후의 수단이라는 것이다.

제3절 한시 감상

「何滿子[1](하만자)」

張祜
장 호

故國三千里, 深宮二十年[2].
고 국 삼 천 리   심 궁 이 십 년

一聲何滿子, 雙淚落君前[3].
일 성 하 만 자   쌍 루 낙 군 전

gù guó sān qiān lǐ, shēn gōng èr shí nián.
yī shēng hé mǎn zǐ, shuāng lèi luò jūn qián.

어휘 설명

1) 何滿子(하만자) : 당나라 때 교방곡(敎坊曲)으로 당시 널리 유행하던 음악 곡조. 교방은 음악
   과 무도를 장관하던 관청을 말한다.

2) 深宮(심궁) : 깊은 궁궐 속

3) 雙淚(쌍루) : 두 줄기 눈물 | 君(군) : 임, 임금

하만자

내 고향 삼 천 리, 구중궁궐에서 이십 년 세월.

하만자 한 곡조에, 뜨거운 눈물 임금 앞에 떨구네.

해 설

「하만자」 장호(785?~849?) : 중당 때의 시인으로 뛰어난 시재(詩才)로 명성을 얻어 해내명사(海內名士)라는 칭호가 있었다. 동료들이 그를 황제에게 추천했지만 원진(元稹)의 질투를 받아 관직에 나가지 못하고 평생 은거하며 일생을 마쳤다. 『전당시(全唐詩)』에 349수의 시가 수록되어 있다. 이 시의 특징은 대부분 명사구로 이루어져 있고 제4구에 처음으로 동사가 등장한다는 점이다. 제1구와 제2구의 호응이 좋다. 20년을 떠났으니 오래전 고국이고, 심궁에 갇혔으니 고향이 멀다. 숫자를 많이 사용한 것도 이 시의 특징이다. 제4구의 雙(쌍)도 숫자다.

取(취할 취)

取(취할 취)는 '가져온다, 갖는다'는 뜻으로 耳(귀 이)와 又(또 우)가 결합해서 만들어졌다. 又(우)는 오늘날 '또, 다시'라는 뜻으로 사용되는데 갑골문의 시대에는 '손', 특히 '오른손'을 뜻했다. 又(우)가 '또, 다시'의 뜻으로 사용되면서 오른쪽이라는 의미는 右(오른 우)가 맡게 되었다. 又(우)에 口(입 구)를 붙인 자형이다. 取(취)가 耳(이)와 又(우)의 결합인 것은 고대 전쟁에서 적군의 귀를 자르는 문화에서 왔다. 적군을 죽여 귀를 가져오면 그 숫자만큼 상을 내렸던 것이다. 일본 교토에는 귀무덤이 있다. 임진왜란 때 일본군이 조선군과 백성들의 귀, 코를 베어 가져가 묻은 곳이다. 약 12만 명분이다. 코무덤이라 부르다가 너무 야만스러워 귀무덤이라는 호칭으로 바꾸었다. 取(취)에 女(계집 녀)를 붙이면 娶(장가들 취)가 된다. 아내로 맞는다, 아내로 데려온다는 의미이다. 약탈혼의 풍습이 반영되었다는 설이 있다.

갑골문	전서	해서

사마천과 『사기』

　『사기(史記)』는 서한 사마천(司馬遷, B.C. 145?~B.C. 86?)이 전설의 상고 시대부터 한 무제 때까지 약 3,000년의 역사를 기록한 역사서이다. 태사령이었던 부친 사마담이 시작한 역사 저술 작업을 사마천이 이어받아 완성한 것이다. 사마천은 태사령이 되어 『사기』를 집필하던 중 흉노에 항복한 장수 이릉(李陵)을 변호하다가 무제의 노여움을 사 궁형(宮刑)을 받았다. 궁형은 생식기를 제거하는 형벌이다. 사마천은 이릉과 개인적 친분이 있었던 것도 아니었기 때문에 세상에 대한 원망과 자신의 운명에 대한 울분이 컸다. 그는 자신이 죽지 않고 살아남았던 이유를 아버지의 유언, 즉 『사기』를 완성해야 하는 임무 때문이라고 했다. 또 모든 위대한 명작은 작가의 괴로움과 고통 속에서 탄생한다고 했다. 이를 발분저서(發憤著書, 울분을 발산하여 글을 쓰다)라고 부른다. 발분저서는 동아시아 문학 정신의 전통이 되었다.

　『사기』는 기전체(紀傳體) 역사 서술의 효시이다. 편년체가 시간의 순서대로 역사를 기술하는 방식인 데 반해 기전체는 주제별로 기술하는 방식이다. 『사기』는 본기(本紀), 세가(世家), 서(書), 표(表), 열전(列傳)으로 구성된다. 본기는 황제의 전기, 세가는 제후의 전기, 서는 제도와 문물, 표는 연표, 열전은 여러 분야 유명한 인물의 전기이다. 이와 같이 기전체는 인물을 중심으로 한 역사 서술에 중점을 둔 형식이다. 사마천은 역사 속 인물의 운명에 관심을 두었고, 인생의 성공과 실패의 관건을 파악하고자 했다. 그는 「보임안서(報任安書)」에서 『사기』의 저술 동기를 다음과 같이 말했다.

　　① 하늘의 뜻과 인간의 의지가 만나는 경계를 탐구한다. (究天人之際, 구천인지제)
　　② 고금에 변화하는 이치에 통달한다. (通古今之變, 통고금지변)

③ 일가의 학설을 이룬다. (成一家之言, 성일가지언)

『사기』는 역사서이지만 사마천의 주관적 관점이 많이 반영된 문학 작품이기도 하다. 예를 들어 항우는 정식 황제로 보기 어려운 인물이지만 본기에 편입시켰고 공자는 제후가 아닌데도 세가에 편입시켰다. 한나라 때 허수아비 황제였던 혜제, 소제는 본기에 넣지 않았고 실제 권력을 쥐고 있었던 여태후는 본기에 넣었다. 서술 방식에서도 창작과 같은 필법을 많이 구사했다. 예를 들면 「회음후열전(淮陰侯列傳)」에서 한신이 마을의 불량배에게 수모를 당하는 장면에 "한신은 한참 그를 노려보았다(信孰視之)"라는 구절이 있다. 한신의 내면을 표현하는 뛰어난 심리 묘사다. 또 「진섭세가(陳涉世家)」을 보면 진섭이 젊은 시절 품팔이 농사를 하다가 자신을 비웃는 친구에게 "제비와 참새가 어찌 기러기와 고니의 큰 뜻을 알겠는가!(燕雀安知鴻鵠之志哉)"라며 깊이 탄식한다. 두 사람이 밭두렁에서 나눈 사적인 대화를 사마천이 어떻게 들었겠는가? 이야기의 생동감을 높이는 서술이다. 또 매 인물의 전기 말미에는 "태사공왈(太史公曰)"로 시작하는 자신의 평론이 있고 『사기』의 맨 마지막에는 「태사공자서」라는 서문 성격의 글을 적어 『사기』 저술에 대한 자신의 총체적인 관점을 적었다.

『사기』의 기전체는 후대 동아시아 역사서의 기준이 되었다. 중국 역대 왕조의 정사인 24사가 기전체 형식이며 고려 김부식이 편찬한 『삼국사기』 역시 기전체로 쓰였다.

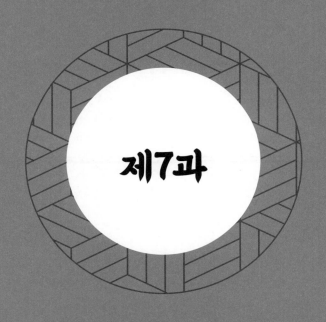

제7과

01

鳥之將死, 其鳴也哀¹⁾. 人之將死, 其言也善.
조 지 장 사 기 명 야 애   인 지 장 사   기 언 야 선

『論語 · 泰伯』
논 어 태 백

niǎo zhī jiāng sǐ, qí míng yě āi. rén zhī jiāng sǐ, qí yán yě shàn.

어휘 설명

1) 鳴(명): 울다 | 哀(애): 슬프다

어법 설명

(1) 將(장)

① 장수, 인솔하다, 거느리다

其馬將胡駿馬而歸(기마장호준마이귀) 그 말은 오랑캐의 준마를 이끌고 돌아왔다.

② 장차 ~하려고 하다

天將以夫子爲木鐸(천장이부자위목탁) 하늘이 장차 선생님을 목탁으로 삼으실 것입니다.

(2) 也(야)

　① (어조사) 문장 종결의 어감을 표현한다.

　　人之性惡, 其善者僞也(인지성악, 기선자위야) 사람의 성품은 악하니 그 선한 것은 위선이다.

　② (어조사) 주어 뒤에서 잠시 멈춤의 어감을 표현한다.

　　今也則亡(금야즉무) 지금은 없다.

우리말 해석

새가 죽으려 할 때는 그 울음이 슬프고, 사람이 죽으려 할 때는 그 말이 선하다.

해 설

공자의 제자 증자(曾子)가 병에 걸렸을 때 병문안을 온 맹경자에게 한 말이다. 증자는 제자들 중에서 노둔하다는 평가를 받을 만큼 고지식하고 진지한 성격이었다. 증자는 자신의 말이 진실하다는 것을 말하고 싶었던 것 같다. 그리고 군자가 지켜야 할 덕목으로 용모와 안색과 말투를 바르게 해야 한다고 했다. 주희는 본문을 다음과 같이 해설했다. "새는 죽음을 두려워하기 때문에 울음이 슬프고 사람은 죽으면 근본으로 돌아가기 때문에 말이 선하다(鳥畏死, 故鳴哀. 人窮反本, 故言善)."

02

尾生與女子期於梁下¹⁾, 女子不來, 水至不去²⁾, 抱柱而死³⁾.
미 생 여 여 자 기 어 량 하　여 자 불 래　수 지 불 거　포 주 이 사

『莊子・盜跖』
장 자 　도 척

wěi shēng yǔ nǚ zǐ qī yú liáng xià, nǚ zǐ bù lái, shuǐ zhì bú qù, bào zhù ér sǐ.

어휘 설명

1) 尾生(미생) : 인명 **| 期**(기) : 약속하다 **| 梁**(량) : 다리
2) 至(지) : 이르다
3) 抱(포) : 끌어안다 **| 柱**(주) : 기둥

어법 설명

(1) 於(어)

① ~에서, ~에게

患生於多欲(환생어다욕) 우환은 과욕에서 생겨난다.

② (비교) ~보다

指不可以大於臂(지불가이대어비) 손가락이 팔보다 클 수 없다.

(2) 至(지)

　　① 지극, 지극하다

　　　　夫三尺童子, 至無知也(부삼척동자, 지무지야) 삼척동자는 지극히 무지하다.

　　② 이르다, 도착하다

　　　　血流至足(혈류지족) 피가 다리까지 흘렀다.

우리말 해석

미생이 여자와 다리 밑에서 만나기로 약속했다. 여자가 오지 않았지만 물이 차오르도록 떠나지 않다가 익사하였다.

해 설

미생은 목숨보다 신의를 중시한 인물이다. 본문의 이야기에서 미생지신(尾生之信)이라는 성어가 나왔다. 이 성어는 철저한 신의, 어리석은 고지식함이라는 상반된 평가가 공존한다. 장자는 이 글에서 아버지의 범죄를 증언한 직궁(直躬)과 약속을 지키다 죽은 미생을 함께 비판했다. 쓸데없는 명분에 빠져 인정에서 벗어난 행동을 하고 소중한 목숨을 잃었다는 것이다.

03

指窮於爲薪¹⁾, 火傳也²⁾, 不知其盡也³⁾.

지 궁 어 위 신   화 전 야   부 지 기 진 야

『莊子 · 養生主』
장 자   양 생 주

zhǐ qióng yú wéi xīn, huǒ chuán yě, bù zhī qí jìn yě.

어휘 설명

1) 指(지) : 손가락 | 窮(궁) : 끝나다 | 薪(신) : 장작
2) 傳(전) : 전하다
3) 盡(진) : 다하다

어법 설명

爲(위)

① (wéi) 하다

諸臣不知所爲(제신부지소위) 신하들이 어찌할 바를 몰랐다.

② (wéi) 되다, 만들다, ~이다

氷水爲之而寒於水 (빙수위지이한어수) 얼음은 물이 만들지만 물보다 차다.

③ (wèi) 위하다

請爲王言樂(청위왕언악) 왕을 위해 음악을 말씀드리길 청합니다.

장작불 지피는 일은 손에서 끝났지만 불꽃이 전해지니 소멸할 때를 알 수 없다.

『장자』에서 가장 난해한 구절 중 하나로 평가받는다. 指(지)를 손가락으로 해석한다면 손으로 장작불을 지피는 내용이 되지만, 脂(기름 지)로 보아 나무의 기름, 또는 인간의 육체로 해석되기도 한다. 지적(확인)하다로 보아 장작이 다 탄 것을 확인했다는 의미로 해석하기도 한다. 전체적으로는 불을 정신으로, 장작을 육체로 비유하여 인간의 정신이 육신에서 육신으로 장작불처럼 전이되어 완전히 소멸할 때가 없다는 의미이다.

04

堯時十日並出¹⁾, 草木焦枯²⁾. 堯命羿仰射十日³⁾, 中其九日,
요 시 십 일 병 출　　초 목 초 고　　요 명 예 앙 사 십 일　　중 기 구 일

日中九烏皆死⁴⁾.
일 중 구 오 개 사

『楚辭章句 · 天問』
초 사 장 구 　 천 문

yáo shí shí rì bìng chū, cǎo mù jiāo kū. yáo mìng yì yǎng shè shí rì, zhòng qí jiǔ rì,
rì zhōng jiǔ wū jiē sǐ.

어휘 설명

1) 堯(요) : 신화 속 임금 | 日(일) : 해 | 並(병) : 함께
2) 焦(초) : 타다 | 枯(고) : 마르다
3) 命(명) : 명하다 | 羿(예) : 후예. 신화 속의 명궁 | 仰(앙) : 올려보다 | 射(사) : 쏘다
4) 烏(오) : 까마귀 | 皆(개) : 모두

中(중)

① (zhōng) 가운데

見草中石(견초중석) 풀 속 바위를 보았다.

② (zhòng) 적중하다

中石沒矢(중석몰시) 바위를 맞춰 화살이 박혔다.

우리말 해석

요임금 때 열 개의 해가 동시에 떠올라 초목이 타고 말라 죽었다. 요임금이 후예에게 명하여 열 개의 해를 활로 쏘게 했는데 아홉 개의 해를 맞추어 해 속의 까마귀 아홉 마리가 모두 죽었다.

해 설

전국 시대 굴원 등의 작가들이 초나라 방언으로 초나라의 신화, 음악, 풍물을 차용하여 창작했던 문학 장르를 초사(楚辭)라고 부른다. 『초사장구』는 동한 왕일(王逸)이 이전에 전해지던 초사 작품 16편에 자신이 수집한 1편을 더하여 엮으며 상세한 주석을 적은 책이다. 본문에 나오는 후예는 뛰어난 활쏘기 능력으로 인류를 구하고 미녀 항아(嫦娥)와 결혼했다. 후예의 이야기는 고대 부족 국가가 통합되는 과정에 대한 상징으로 해석된다.

01 　七步成詩(칠보성시)

文帝嘗令東阿王七步中作詩[1], 不成者行大法[2].
문 제 상 령 동 아 왕 칠 보 중 작 시 　 불 성 자 행 대 법

應聲便爲詩曰[3], "煮豆持作羹[4], 漉菽以爲汁[5].
응 성 변 위 시 왈 　 자 두 지 작 갱 　 록 숙 이 위 즙

萁在釜下燃[6], 豆在釜中泣[7]. 本自同根生[8], 相煎何太急[9]?"
기 재 부 하 연 　 두 재 부 중 읍 　 본 자 동 근 생 　 상 전 하 태 급

帝深有慚色[10].
제 심 유 참 색

『世說新語·文學』
세 설 신 어 　 문 학

wén dì cháng lìng dōng ā wáng qī bù zhōng zuò shī, bù chéng zhě xíng dà fǎ.
yìng shēng biàn wéi shī yuē, "zhǔ dòu chí zuò gēng, lù shū yǐ wéi zhī.
qí zài fǔ xià rán, dòu zài fǔ zhōng qì. běn zì tóng gēn shēng, xiāng jiān hé tài jí."
dì shēn yǒu cán sè.

1) **文帝**(문제) : 위나라 황제 조비(曹丕) | **嘗**(상) : 일찍이 |

　　東阿王(동아왕) : 위 문제의 동생 조식(曹植)

2) **大法**(대법) : 큰 벌. 즉 사형.

3) **應聲**(응성) : 소리에 응답하다 | **便**(변) : 곧장, 바로

4) **煮**(자) : 삶다 | **豆**(두) : 콩 | **持**(지) : 가지다 | **羹**(갱) : 국

5) **漉**(록) : 거르다 | **菽**(숙) : 콩 | **汁**(즙) : 즙

6) **萁**(기) : 콩대 | **釜**(부) : 솥 | **燃**(연) : 타다

7) **泣**(읍) : 울다

8) **自**(자) : ~로부터 | **同根**(동근) : 같은 뿌리

9) **煎**(전) : 졸이다 | **急**(급) : 급하다

10) **深**(심) : 깊이 | **慚色**(참색) : 부끄러운 안색

(1) **令**(령)

　① 명령, 명령하다

　　朝令夕改(조령석개) 아침에 명령하고 저녁에 바꾼다.

　② (사역) ~에게 ~하게 하다

　　利令智昏(이령지혼) 이익은 지혜로운 사람을 혼미하게 한다.

(2) **以爲**(이위)

　① ~로 삼다. 以之爲(이지위)의 축약형

　　作何生意以爲糊口之計(작하생의이위호구지계) 무슨 장사를 하여 호구지책을 삼겠는가?

② ~라고 여기다(생각하다)

自以爲是(자이위시) 스스로 옳다 여기다.

일곱 걸음 안에 시를 짓다

위 문제가 일찍이 동아왕에게 일곱 걸음 걷는 중에 시를 짓되 완성하지 못하면 사형에 처한다고 명한 적이 있다. 명령에 응답하며 바로 시를 지어 말했다. "콩을 삶아 국을 만들고, 콩을 걸러 즙을 만든다. 콩대는 솥 아래에서 불타고, 콩은 솥 안에서 울어대다. 본래 한 뿌리에서 났건만 서로 졸여댐이 어찌 이리 급한지!" 문제가 심히 부끄러운 빛이 있었다.

조조(曹操)의 아들 조비(曹丕)와 조식(曹植)은 후계자 자리를 놓고 다투었다. 아우 조식은 재능이 뛰어나 조조의 총애를 많이 받았지만 결국 장남 조비가 후계자로 결정되었다. 조비는 즉위 후에도 아우의 세력을 견제했고, 「칠보시」는 두 형제의 엇갈린 운명을 배경으로 탄생했다.

02 　刻舟求劍(각주구검)

楚人有涉江者[1], 其劍自舟中墜於水[2], 遽刻其舟曰[3],
초인유섭강자　　기검자주중추어수　　거각기주왈

"是吾劍之所從墜也[4]." 舟止, 從其所刻者入水求之.
시오검지소종추야　　주지　종기소각자입수구지

舟已行矣[5], 而劍不行. 求劍若此[6], 不亦惑乎[7]?
주이행의　　이검불행　구검약차　　불역혹호

『呂氏春秋·察今』
여씨춘추　　찰금

chǔ rén yǒu shè jiāng zhě, qí jiàn zì zhōu zhōng zhuì yú shuǐ, jù kè qí zhōu yuē,
"shì wú jiàn zhī suǒ cóng zhuì yě." zhōu zhǐ, cóng qí suǒ kè zhě rù shuǐ qiú zhī.
zhōu yǐ xíng yǐ, ér jiàn bù xíng. qiú jiàn ruò cǐ, bú yì huò hū?

어휘 설명

1) 涉(섭) : 건너다

2) 自(자) : ~로부터 ∣ 舟(주) : 배 ∣ 墜(추) : 떨어지다

3) 遽(거) : 급히, 재빨리 ∣ 刻(각) : 새기다

4) 是(시) : 여기, 이곳 ∣ 所(소) : ~하는 바 ∣ 從(종) : 따르다

5) 已(이) : 이미

6) 若(약) : ~와 같다 ∣ 此(차) : 이

7) 亦(역) : 또 | 惑(혹) : 미혹되다, 어리석다

(1) 已(이)

　① 이미, 벌써

　　已埋之矣(이매지의) 이미 그것을 묻었습니다.

　② 그만두다

　　死而後已(사이후이) 죽은 후에야 그만두다.

(2) 乎(호)

　① (비교) ~보다

　　莫大乎與人爲善(막대호여인위선) 다른 사람과 함께 선을 행하는 것보다 큰 것은 없다.

　② ~에, ~에서, ~에게

　　吾獨困窮乎此時也(오독곤궁호차시야) 나만 유독 이때에 곤궁했다.

　③ (의문) ~하는가

　　能復飮乎(능부음호) 더 마실 수 있는가?

배에 자국을 새겨 검을 찾다

초나라 사람 중에 강을 건너는 자가 있었다. 그의 검이 배 안에서 강물로 빠지자 급히 그 배에 표시를 새기더니 말했다. "여기가 내 칼이 떨어진 곳이다." 배가 멈추자 새겨놓은 그곳에서 강물로 뛰어 들어가 검을 찾았다. 배는 이미 갔지만 검은 가지 않았다. 검을 찾은 것이 이와 같으니 또한 어리석지 않은가?

『**여씨춘추**』: 전국 시대 말기에 진(秦)나라 여불위(呂不韋, B.C. 292~B.C. 235)가 빈객들을 모아 지은 방대한 규모의 저작으로 제자백가의 다양한 관점을 수용했다. 이 책에 대한 자부심에서 일자천금(一字千金)이란 성어가 나왔다. 찰금(察今)이란 현재를 살핀다는 뜻이다. 진(秦)나라는 천하를 통일한 이후 강력한 중앙 집권 정책을 시행하면서 사회 체제를 크게 바꾸었다. 본문의 주제는 옛 것을 고집하며 시대에 적응하지 못하면 도태된다는 것이다. 새로운 시대에는 새로운 사상과 시스템이 필요하다는 의미가 담겨 있다.

제3절 한시 감상

「登幽州臺歌[1]」(등유주대가)

陳子昂
진 자 앙

前不見古人[2], 後不見來者[3].
전 불 견 고 인   후 불 견 래 자

念天地之悠悠[4], 獨愴然而涕下[5].
염 천 지 지 유 유   독 창 연 이 체 하

qián bú jiàn gǔ rén, hòu bú jiàn lái zhě.
niàn tiān dì zhī yōu yōu, dú chuàng rán ér tì xià.

어휘 설명

1) 登(등): 오르다 | 幽州臺(유주대): 북경시 대흥에 있는 누각. 전국 시대 연소왕(燕昭王)이 천하의 인재를 초빙하기 위해 지었다.

2) 前(전): 앞, 과거 | 古人(고인): 옛사람

3) 後(후): 뒤, 미래 | 來者(래자): 올 사람

4) 念(염): 생각하다 | 悠悠(유유): 아득하다, 유유하다

5) 獨(독): 홀로 | 愴然(창연): 슬픈 모양 | 涕(체): 눈물

유주대에 오르다

앞으로도 옛사람들은 보이지 않고, 뒤로도 올 사람들은 보이지 않는구나.

천지의 아득함을 생각하니 홀로 슬픔이 차올라 눈물이 흐른다.

「등유주대가」진자앙(659~700) : 초당 시기의 시인으로 사천 지역 출신이다. 식견이 넓고 정치적 야망이 커 무측천의 폐정에 직언을 올리다 하옥되기도 했다. 진자앙은 당시 유행하던 유미주의 시풍을 배격하고 한위 시기의 강인하고 격정적인 시풍을 부흥시켜야 한다고 주장했다. 그는 이런 시풍을 풍골(風骨)이라 불렀다.

시인은 유주대에 올라 역사의 아득함과 자신의 운명을 한탄하고 있다. 그는 연소왕처럼 인재를 귀하게 여기는 현명한 군주를 만나고 싶다. 그가 느끼는 고독은 자신의 능력을 인정받지 못하는 현실 때문이다.

子(아들 자)와 관련된 글자

子(아들 자)는 '막 태어난 아이, 즉 영아'를 뜻하는 글자였다. 갑골문의 자형도 머리가 큰 모습을 강조했다. 후에 의미가 확대되어 자녀를 뜻하다가 다시 확대되어 직계혈통의 남자아이를 가리키는 말로 쓰였다. 保(지킬 보)는 성인이 아기를 돌보는 모습으로 보호한다는 의미를 표현했다. 教(가르칠 교), 乳(젖 유) 등의 글자는 갑골문에 있는 아기의 모습이 子(자)로 변했지만 保(보)는 呆(어리석을 태)로 변했다.

孫(손자 손)은 갑골문에서 아기 옆에 8자 비슷한 모양이 있다. 이것은 실, 줄을 그린 것이다. 실이나 줄은 연결의 의미이기 때문에 자식의 자식이니 혈연관계가 이어진다는 의미이다. 老(늙을 로)와 孝(효도 효)는 비슷하게 생겼다. 老(로)는 머리를 풀어헤친 노인이 지팡이를 짚고 있는 모습이고 孝(효)는 老(로) 아래에 子(자)를 두었다. 자식이 늙은 부모를 등에 업고 있는 모습으로 효도의 의미를 표현했다.

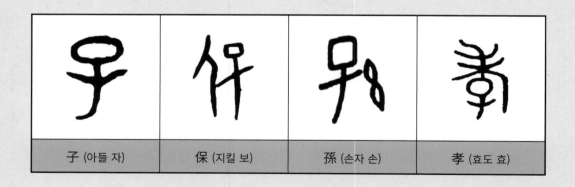

| 子 (아들 자) | 保 (지킬 보) | 孫 (손자 손) | 孝 (효도 효) |

일론 머스크와 「칠보시」

「칠보시」는 조비, 조식 형제의 치열한 후계자 경쟁을 배경으로 탄생한 작품이다. 조조에게는 십여 명의 부인과 이십여 명의 아들이 있었는데 후계자로 물망에 오른 것은 변부인 소생인 조비, 조식이었다. 대권 후보인 두 사람의 주위에 사람이 몰려들고 세력이 형성되었다. 조비는 맏이라는 장점이 있었고 인내심과 자제력이 뛰어났다. 사서는 그를 "술수로 부친을 받들며 감정을 억제하고 자신을 꾸몄다"라고 평가했다. 조식은 천재였다. 뛰어난 글솜씨와 학문으로 아버지의 총애를 받았다. 사서는 "십여 세에 『시경』, 『논어』 등 사부 10만 자를 암송하고 읽었으며 글을 잘 지었다"라고 평가했다.

조비의 추종자들은 장자를 세워야 한다고 조조를 압박했고 조식은 자유분방한 성향을 억제하지 못해 총애를 잃었다. 조식은 여러 번 술에 취해 아버지의 명을 거역했다. 조조는 결국 조비를 후계자로 낙점했다. 경쟁이 끝났지만 조비와 조식의 관계는 회복될 수 없는 상황이었다. 조식의 인생은 220년 조비의 즉위를 기점으로 수직 낙하했다. 고난이 시작되었다. 조비는 조식의 일거수일투족을 감시하면서 이동과 연락을 제한했다. 조식의 심복이자 친구였던 양수, 정의, 정이 등을 차례로 죽였다. 조식은 생존의 공포에 절망하는 신세가 되었다.

조식이 조비의 아내 견부인을 사모했다는 설도 있다. 당나라 때 이선이 조식의 작품 「낙신부(洛神賦)」에 "원래 제목은 「감견부(感甄賦)」였는데 명제 조예가 「낙신부」로 바꾸라고 명했다"라는 주를 달았다. 「낙신부」는 조식이 낙수의 여신과 만나고 헤어지고 그리워하는 내용이다. 그런데 제목이 「감견부」라면, 견부인을 생각한다는 의미가 된다. 명제는 조비와 견부인 사이의 아들이니 숙부와 모친의 스캔들이 싫었다는 것이다. 「칠보시」를 둘러싼 형제의 상황이 처절하다. 조식이 「칠보시」를 쓰고 돌아갈 때 조비가 "죽은 네 형수가 쓰던 물건이다"라며 베개를 주었고 조식이 그 베개를 베고 자다가 꿈을 꾸고 「낙신부」를 지었다는 후일담도 있다. 조비는 40세로 죽고 조식은 41세로 죽었다. 후계자 경쟁이 너무 치열해 스트레스가 컸던 탓일까?

2021년 11월 2일, 테슬라의 CEO 일론 머스크가 자신의 트위터와 웨이보(微博)에 「칠보시」를 올렸다. 한자로 된 원문을 그대로 올렸다. 어떤 의미일까? 미국과 중국의 패권 경쟁, 또는 자회사인 도지코인과 시바누이코인 사이의 갈등에 대한 메시지일 수 있다. 중국의 관심은 폭발적이었다. 7시간 만에 1억 1000만 뷰를 기록했다. 중국인들은 고전을 인용해 메시지를 전달하는 화법을 좋아한다. 고대에는 과거 시험 과목에 시 창작이 있었고 현대에는 정상 회담에서 두보의 시를 인용한다. 고전문학 소양을 중시하는 문화이다. 일론 머스크는 이 점을 알았다. 「칠보시」 트윗으로 자신의 존재감과 호감도가 한층 높아졌다.

제8과

01

醉翁之意不在酒¹⁾, 在乎山水之間也²⁾.
취 옹 지 의 부 재 주   재 호 산 수 지 간 야

「醉翁亭記」
취 옹 정 기

zuì wēng zhī yì bú zài jiǔ, zài hū shān shuǐ zhī jiān yě.

어휘 설명

1) 醉翁(취옹) : 술 취한 늙은이 | 意(의) : 뜻, 생각
2) 山水(산수) : 자연 경관

어법 설명

在乎(재호) : ~에 있다

所重者在乎色樂珠玉(소중자재호색락주옥) 중히 여기는 바가 여색의 쾌락과 주옥에 있다.

취옹의 뜻은 술에 있지 않으며 산수의 경치에 있다.

해 설

「**취옹정기**」: 북송의 문인 구양수(歐陽修, 1007~1072)가 권력 투쟁에 휘말려 저주(滁州, 지금의 안휘성)로 좌천되었을 때 지은 산문. 구양수는 당시 낭야산의 정자에 올라 저주의 아름다운 풍경을 자주 감상했는데 스스로 취옹(醉翁, 술 취한 늙은이)이라는 호를 짓고 그 정자를 취옹정이라 불렀다.

02

浮生若夢¹⁾, 爲歡幾何²⁾? 古人秉燭夜遊³⁾, 良有以也⁴⁾.
부 생 약 몽　　위 환 기 하　　고 인 병 촉 야 유　　양 유 이 야

「春夜宴桃李園序」
춘 야 연 도 리 원 서

fú shēng ruò mèng, wéi huān jǐ hé? gǔ rén bǐng zhú yè yóu, liáng yǒu yǐ yě.

어휘 설명

1) 浮生(부생) : 떠도는 인생

2) 幾何(기하) : 얼마. 수량을 물어보는 의문사

3) 秉(병) : (손으로) 잡다 | 燭(촉) : 촛불, 등불 | 遊(유) : 놀다

4) 良(량) : 진실로 | 以(이) : 이유, 까닭

어법 설명

若(약)

① ~와 같다

傍若無人(방약무인) 곁에 사람이 없는 것 같다.

② (가정) 만약 ~라면

若其不勝, 爲罪已甚(약기불승, 위죄이심) 만약 이기지 못한다면 죄가 심하다.

③ (2인칭) 너, 그대

吾翁卽若翁(오옹즉약옹) 내 아버지가 곧 너의 아버지이다

우리말 해석

떠도는 인생은 꿈과 같으니 즐거울 때가 얼마나 되는가? 옛사람들이 등불을 들고 밤이 새도록 놀았던 것이 참으로 이유가 있었다.

해 설

「춘야연도리원서」: 당대의 시인 이백(李白, 701~762)이 봄날 밤 친척, 친구들과 연회를 열어 음주와 시를 즐기며 자신의 회포를 쓴 글. 낭만적이고 자유분방한 이백의 기질이 드러난 명문으로 평가받는다. "천지는 만물이 머무는 여관이요, 시간은 백대를 지나는 과객이다(天地者萬物之逆旅, 光陰者百代之過客)"라는 말로 시작된다.

03

人固有一死¹⁾, 或重於泰山, 或輕於鴻毛²⁾, 用之所趨異也³⁾.
인 고 유 일 사　　혹 중 어 태 산　　혹 경 어 홍 모　　용 지 소 추 이 야

「報任安書」
보 임 안 서

rén gù yǒu yī sǐ, huò zhòng yú tài shān, huò qīng yú hóng máo, yòng zhī suǒ qū yì yě.

어휘 설명

1) 固(고) : 진실로, 참으로

2) 輕(경) : 가볍다 | 於(어) : (비교) ~보다 | 鴻(홍) : 큰 기러기 | 毛(모) : 털

3) 用(용) : 쓰다 | 趨(추) : 달리다, 쫓다 | 異(이) : 다르다

어법 설명

(1) 或(혹)A或(혹)B : 혹은 A하고, 혹은 B하다

　　或生而知之, 或學而知之(혹생이지지, 혹학이지지) 혹은 나면서 알고 혹은 배워서 안다.

(2) 所(소)

　　① 所+동사 : ~하는 바

　　　從心所欲, 不踰矩(종심소욕, 불유구) 마음이 바라는 바를 따르지만 법도를 넘지 않는다.

　　② 곳, 장소

　　　此何所也(차하소야) 여기는 어느 곳인가?

사람은 진실로 한 번은 죽기 마련인데, 때로는 태산보다 무겁기도 하고 때로는 기러기 털보다 가볍기도 하니 목숨을 사용하여 추구하는 바가 다르기 때문이다.

「보임안서」: 『사기』의 저자 사마천(司馬遷, B.C. 145?~B.C. 86?)이 친구 임안(任安)에게 쓴 편지. 사마천은 이 글에서 자신이 궁형을 받고 치욕과 분노를 느꼈지만 부친의 유언을 받들어 『사기』를 완성하기 위해 자결하지 않았음을 밝혔다.

04

秦王發圖[1], 圖窮而匕首見[2]. 因左手把秦王之袖[3],
진 왕 발 도　　 도 궁 이 비 수 현　　인 좌 수 파 진 왕 지 수

而右手持匕首揕之[4].
이 우 수 지 비 수 침 지

『史記 · 刺客列傳』
사 기 　 자 객 열 전

qín wáng fā tú, tú qióng ér bǐ shǒu xiàn. yīn zuǒ shǒu bǎ qín wáng zhī xiù,
ér yòu shǒu chí bǐ shǒu zhēn zhī.

어휘 설명

1) 秦王(진왕) : 진시황 | 發(발) : 펴다 | 圖(도) : 그림, 지도

2) 窮(궁) : 끝나다, 다하다 | 匕首(비수) : 단검

3) 因(인) : 이어서 | 把(파) : (손으로) 잡다 | 袖(수) : 소매

4) 持(지) : (손으로) 쥐다 | 揕(침) : 찌르다

見(견, 현)

① (견) 보다

　不見人, 徒見金(불견인, 도견금) 사람은 보이지 않았고 다만 금만 보였다.

② (현) 나타나다

　讀書百遍意自見(독서백편의자현) 책을 백 번 읽으면 뜻은 저절로 드러난다.

우리말 해석

진왕이 지도를 펼쳤는데 지도가 다 펼쳐지자 비수가 나왔다. 왼손으로 진왕의 소매를 잡고 오른손으로 비수를 들어 그를 찔렀다.

해 설

「자객열전」: 춘추 전국 시대 조국과 주군을 위해 복수한 자객 5인의 이야기를 쓴 열전. 본문은 연나라 태자의 사주를 받고 진시황을 암살하려 했던 형가(荊軻) 사건의 일부분이다. 형가는 실패하고 현장에서 살해되었지만 사마천은 형가의 정의감과 용기를 높이 평가했다. 사적인 방식의 복수는 당시에도 불법적인 행위였다. 하지만 사마천은 「자객열전」을 쓴 이유에 대해 "신의를 잃지 않고 언약을 저버리지 않았으니 의인으로서 취할 만한 것이 있다"라고 했다. 「여불위열전」과 「이사열전」 사이에 배치한 것도 그런 이유일 것이다. 여불위와 이사는 출세를 위해 신념을 저버린 인물로 평가받는다.

01　　정성공(鄭成功)

台灣, 福建海中島¹⁾, 荷蘭紅毛人居之²⁾. (중략)
태 만　복 건 해 중 도　　하 란 홍 모 인 거 지

荷蘭築城二, 曰赤嵌, 曰王城³⁾, 其海口曰鹿耳門⁴⁾.
하 란 축 성 이　왈 적 감　왈 왕 성　　기 해 구 왈 녹 이 문

荷蘭人恃鹿耳門水淺不可渡⁵⁾, 不爲備⁶⁾.
하 란 인 시 녹 이 문 수 천 불 가 도　　불 위 비

成功師至⁷⁾, 水驟長丈餘⁸⁾, 舟大小銜尾徑進⁹⁾.
성 공 사 지　　수 취 장 장 여　　주 대 소 함 미 경 진

『淸史稿 · 鄭成功傳』
청 사 고　　정 성 공 전

tái wān, fú jiàn hǎi zhōng dǎo, hé lán hóng máo rén jū zhī. (중략)
hé lán zhù chéng èr, yuē chì qiàn, yuē wáng chéng, qí hǎi kǒu yuē lù ěr mén.
hé lán rén shì lù ěr mén shuǐ qiǎn bù kě dù, bù wéi bèi.
chéng gōng shī zhì, shuǐ zhòu zhǎng zhàng yú, zhōu dà xiǎo xián wěi jīng jìn.

1) 福建海(복건해) : 지명. 중국 동남 지역의 해역 | 島(도) : 섬

2) 荷蘭(하란) : 네덜란드 | 紅毛人(홍모인) : 당시 서양 사람을 지칭하는 용어 | 居(거) : 거하다

3) 築城(축성) : 성을 쌓다 | 赤嵌(적감) : 지명. 적감성 | 王城(왕성) : 지명. 왕성

4) 海口(해구) : 해안선이 내륙 쪽으로 움푹 들어간 부분 | 鹿耳門(녹이문) : 지명

5) 恃(시) : 믿다 | 淺(천) : 얕다 | 渡(도) : 건너다

6) 備(비) : 대비하다

7) 成功(성공) : 인명. 정성공 | 師(사) : 군대 | 至(지) : 이르다

8) 驟(취) : 몰려들다 | 長(장) : 물이 불다. 漲(창)과 같다. | 丈(장) : 길이의 단위. 길(어른의 키) | 餘(여) : 나머지

9) 舟(주) : 배 | 銜(함) : 물다 | 尾(미) : 꼬리 | 徑(경) : 지름길 | 進(진) : 나아가다

어법 설명

長(장)

　① (cháng) 길다

　　故其說長(고기설장) 그러므로 말이 길어졌다.

　② (zhǎng) 성장하다, 자라다

　　勿助長(물조장) 억지로 자라게 돕지 말라

우리말 해석

정성공

대만은 복건해에 있는 섬으로 네덜란드 홍모인들이 점거하고 있었다. (중략) 네덜란드 사람들은 성을 두 개 쌓았는데 하나는 적감성이라 부르고 또 하나는 왕성이라 불렀으며 그 해구는 녹이

문이라 했다. 네덜란드 사람들은 녹이문은 수면이 얕아 건너오지 못할 것이라 믿고 방비를 하지 않았다. 정성공의 군대가 도달하자 물이 밀려와 한 길 넘게 불어났고 크고 작은 배들이 꼬리를 물고 빠르게 들어갔다.

『청사고』: 중화민국 건립 이후 편찬된 역사서로 24사에는 들어가지 않는다. 본문은 반청복명(反清復明) 활동을 하던 정성공(1624~1662)이 1661년 대만을 점령하는 내용이다. 대만이 중국의 역사에 편입되기 시작한 시점이다. 이후 대만은 스페인, 네덜란드, 정성공 세력이 분할 지배하게 되었고 정성공 사후 청나라의 통치를 받았다. 대륙의 한족이 대거 유입되면서 토착민은 산으로 이주하여 고산족이라 불렸다. 청일전쟁이 끝나고 일본의 식민지가 되었으나 일본이 패망한 후 지금까지 중화민국 정부가 유지되고 있다.

02 韓憑夫婦(한빙부부)

宿昔之間[1], 便有大梓木[2], 生於二冢之端[3], 旬日而大盈抱[4],
숙 석 지 간　　변 유 대 재 목　　생 어 이 총 지 단　　순 일 이 대 영 포

屈體相就[5], 根交於下[6], 枝錯於上[7]. 又有鴛鴦, 雌雄各一[8],
굴 체 상 취　　근 교 어 하　　지 착 어 상　　우 유 원 앙　　자 웅 각 일

恒棲樹上[9], 晨夕不去[10], 交頸悲鳴[11], 音聲感人.
항 서 수 상　　신 석 불 거　　교 경 비 명　　음 성 감 인

『搜神記』
수 신 기

xiǔ xī zhī jiān, biàn yǒu dà zǐ mù, shēng yú èr zhǒng zhī duān, xún rì ér dà yíng bào,
qū tǐ xiàng jiù, gēn jiāo yú xià, zhī cuò yú shàng. yòu yǒu yuān yāng, cí xióng gè yī,
héng qī shù shàng, chén xī bú qù, jiāo jǐng bēi míng, yīn shēng gǎn rén.

어휘 설명

1) 宿昔之間(숙석지간): 하룻밤 사이의 짧은 시간. 昔(석)은 夕(석)과 통한다.

2) 便(변): 곧 ┃ 梓木(재목): 가래나무

3) 生(생): 나다 ┃ 冢(총): 무덤 ┃ 端(단): 끝, 가장자리

4) 旬日(순일): 열흘 ┃ 盈(영): 차다 ┃ 抱(포): 안다, 품

5) 屈(굴): 굽히다 ┃ 體(체): 몸 ┃ 就(취): 다가가다

6) 根(근) : 뿌리 **| 交**(교) : 교차하다

7) 枝(지) : 가지 **| 錯**(착) : 섞이다

8) **鴛鴦**(원앙) : 원앙새 **| 雌雄**(자웅) : 암컷과 수컷 **| 各**(각) : 각각

9) 恒(항) : 항상 **| 棲**(서) : 살다, 깃들이다

10) 晨(신) : 새벽 **| 夕**(석) : 저녁

11) 頸(경) : 목 **| 悲**(비) : 슬프다 **| 鳴**(명) : 울다

어법 설명

遂(수)

① 마치다, 완수하다

功遂身退(공수신퇴) 공을 이루면 자기 자신은 물러난다.

② 마침내, 결국

嫁後遂廢織紉(가후수폐직인) 시집간 후 결국 베짜기를 그만두었다.

우리말 해석

한빙 부부

하룻밤 사이에 큰 가래나무가 두 무덤가에서 자라났다. 열흘 만에 한아름에 꽉 차더니 몸통이 서로에게 향해 뿌리는 아래에서 얽히고 가지는 위에서 뒤엉켰다. 또 원앙이 날아와 암수 한 마리가 항상 나무 위에 깃들이면서 아침저녁으로 떠나가지 않고 목을 비비며 구슬프게 울었는데 그 소리가 사람들을 감동시켰다.

『수신기』: 동진 시대 간보(干寶, ?~?)가 당시 떠도는 이야기를 기록한 지괴소설집으로 귀신이나 신선 등 기괴한 내용이 많이 수록되어 있다. 대체로 분량이 짧고 줄거리가 단순하며 고대 신화소설의 기원으로 평가받는다. 본문은 한빙(韓憑) 부부의 슬프고 비극적인 사랑 이야기의 결말이다. 한빙은 전국 시대 송나라 강왕의 사인이었는데 아내 하씨가 빼어난 미인이었다. 왕은 하씨를 빼앗고 한빙을 먼 곳으로 노역을 보냈는데 한빙이 자살하자 얼마 후 하씨도 합장해달라는 유서를 남기고 자살했다. 무덤가의 나무와 원앙은 한빙 부부의 영혼일 것이다. 이야기의 말미에 이 나무를 상사수(相思樹)라고 부르게 되었다는 후일담이 전한다.

「賦得古原草送別[1]」(부득고원초송별)」

白居易
백 거 이

離離原上草[2], 一歲一枯榮[3].
리 리 원 상 초　　일 세 일 고 영

野火燒不盡[4], 春風吹又生[5].
야 화 소 부 진　　춘 풍 취 우 생

遠芳侵古道[6], 晴翠接荒城[7].
원 방 침 고 도　　청 취 접 황 성

又送王孫去[8], 萋萋滿別情[9].
우 송 왕 손 거　　처 처 만 별 정

lí lí yuán shàng cǎo, yī suì yī kū róng.
yě huǒ shāo bú jìn, chūn fēng chuī yòu shēng.
yuǎn fāng qīn gǔ dào, qíng cuì jiē huāng chéng.
yòu sòng wáng sūn qù, qī qī mǎn bié qíng.

1) 賦得(부득) : 정해진 시의 제목이 있거나 다른 사람의 시구를 제목으로 차용할 때 제목 앞에
   붙이는 용어. '~를 제목으로 한다'라는 의미이다.

2) 離離(리리) : 풀이 새파랗게 무성한 모양

3) 歲(세) : 해, 년 | 枯榮(고영) : 시듦과 번성함

4) 野火(야화) : 들불 | 燒(소) : 타다 | 盡(진) : 다하다

5) 吹(취) : 바람이 불다

6) 遠芳(원방) : 먼 곳에서 불어오는 꽃향기 | 侵(침) : 엄습하다 | 古道(고도) : 오래된 길

7) 晴(청) : 맑다 | 翠(취) : 비취(빛)

8) 王孫(왕손) : 귀족의 후예. 여기서는 먼 길 가는 친구

9) 萋萋(처처) : 풀이 무성하게 우거진 모양

우리말 해석

오래된 들녘의 풀을 노래하여 송별하다

우거진 저 들녘의 풀, 해마다 시들었다가도 무성해지네.

들판의 불길에도 다 타지 않고, 봄바람 불면 다시 피어나네.

아득한 향기는 옛길에 스며들고, 눈부신 초록빛 황폐한 성터에 뻗어 있네.

또 그대를 보내나니, 이별의 정 풀처럼 무성하네.

해 설

「부득고원초송별」 백거이(772~846) : 중당 때의 시인으로 자(字)는 낙천(樂天)이며 향산거사(香
山居士)라고도 불렀다. 젊은 시절 신악부(新樂府) 운동을 주도하며 현실 정치를 비판하는 풍유
시(諷喩詩) 창작에 몰두했으나 강주사마로 좌천된 후 은거 생활의 정취를 표현하는 한적시(閑適

詩)를 많이 썼다. 시는 표현이 쉬워야 한다는 지론이 있어 시가 완성되면 옆집의 노파에게 보여주고 고쳤다는 일화가 유명하다.

시인이 16세에 지은 시라고 알려졌다. 제2구에서 榮枯(영고)라고 하지 않고 枯榮(고영)이라고 했다. 떠나가는 친구의 앞날에 희망을 전하려는 마음 때문일 것이다. 제3구와 제4구는 枯榮(고영)을 구체적으로 묘사했다.

酒(술 주)

　술을 뜻하는 한자로 처음 만들어진 글자는 酉(닭 유)이다. 갑골문을 보면 酉(유)는 술단지, 혹은 술병을 형상화했다. 맨 위에 있는 가로획은 술병의 마개이다. 酉(유)가 나중에 12간지에서 닭을 뜻하는 한자가 되자 酉(유)에 氵(물 수)를 더하여 酒(술 주)가 만들어졌다. 술은 액체이기 때문이다. 그래서 혹자는 술이라는 글자가 물과 닭의 결합인 이유는 닭이 물 마시듯 천천히 조금씩 마시라는 옛사람들의 가르침이라고 해석하기도 한다.

　酌(따를 작)은 酉(유)와 勺(구기 작)이 결합했다. 勺(작)은 국이나 술을 뜰 때 사용하는 작은 국자를 말한다. 혼자 술을 따르는 것을 自酌(자작)한다고 하는데 원래 酌(작)은 술동이에서 국자로 술을 떠 잔에 담는 것이다. 수작을 부린다고 말할 때의 酬酌(수작)은 술잔을 주고받는다는 뜻이다. 酬(갚을 수)는 술잔을 건네며 술을 권하는 것이다.

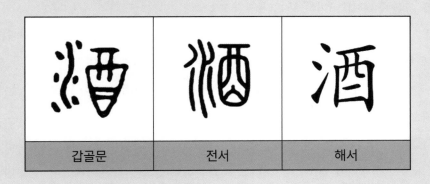

갑골문	전서	해서

대만의 역사

대만은 원래 토착 원주민들만 사는 작은 섬이었는데 15세기 이후 유럽 각국이 아시아로 진출하면서 포르투갈, 네덜란드, 스페인이 차례로 주요 해안 지역을 점거하고 지배했다. 그중 가장 강력한 세력은 네덜란드였다.

1644년 명나라가 망하고 청나라가 들어섰다. 명나라 부흥군 정성공(鄭成功)은 중국의 동남 지역을 장악했지만 청의 압박이 심해지자 새로운 근거지를 개척하기 위해 대만을 노렸다. 1661년 정성공은 네덜란드 세력을 격파하고 대만의 서남부 지역에 동녕 왕국을 세웠다. 대만이 중국의 역사에 편입되기 시작한 시점이다. 동녕 왕국은 정성공이 죽은 후에도 자손들이 대를 이어 통치했는데 1683년 시랑(施琅)이 이끄는 청나라 해군의 공격으로 멸망했다. 이후 약 200여 년 동안 청나라가 대만을 통치하면서 대륙의 많은 한족이 대만으로 이주했고 대만의 토착 원주민들은 이들에게 밀려 산으로 이주했다. 이때 대륙에서 건너온 한족을 본성인(本省人)이라 부르고 산으로 밀려난 원주민을 고산족(高山族)이라 부른다.

청나라가 청일전쟁에서 패한 후 대만은 일본의 영토로 할양되어 대만총독부의 지배를 받았다. 당시 대만에 무장 투쟁이나 독립 운동이 없었던 것은 아니지만 같은 시기 한국보다는 일본의 통치에 대한 저항이나 거부감이 적었다. 그러다가 1945년 일본이 패망하면서 대륙에서는 장제스의 국민당과 마오쩌둥의 공산당이 본격적으로 충돌했다. 내전이 일어난 것이다. 공산당은 초반의 열세를 딛고 점차 전세를 뒤집어 결국 국민당 정부의 수도 남경을 함락했다. 1949년 북경을 수도로 중화인민공화국이 성립되자 장제스는 대만으로 탈출하여 중화민국을 이어갔다. 중화민국은 신해혁명 이후 1912년 세워진 민주 공화정으로, 대만에서는 지금도 이 국호를 사용하고 1912년을 원년으로 하는 민국기년을 사용한다.

당시 국민당 세력을 따라 대만으로 건너간 사람들이 많았는데 대만에서는 이들을 외성인(外省人)이라 부른다. 국민당의 통치 초기, 새로 이주해 온 외성인과 기존에 살고 있던 본성인 간의 차별이 심했는데 이런 사회적 갈등은 유혈 사태로 이어졌다. 1947년에 발생한 2.28 사건이다. 무허가로 담배를 팔던 여성을 단속원들이 과도하게 구타하고 이에 항의하던 시민들에게 총을 발사한 것이 발단이었다. 분노한 시민들의 대규모 시위와 파업이 확산되자 국민당 정부는 계엄령을 선포하고 군을 동원해 무력으로 강경 진압했다. 이 과정에서 수만 명의 희생자가 나왔다.

1980년대 이후 대만은 경제가 성장하고 중산층이 확대되면서 정치적 자유와 민주주의를 요구하는 분위기가 고조되었다. 결국 계엄령 해제, 최초의 야당인 민주진보당(민진당)의 창당으로 이어졌다. 지금 대만 정치에 가장 영향력 있는 정당은 반중을 지향하는 민진당과 친중을 지향하는 국민당 양당이다. 대통령에 해당하는 총통은 임기 4년이며 한 번 연임이 가능하다.

제9과

01

此木以不材[1], 得終其天年矣[2].
차 목 이 부 재   득 종 기 천 년 의

『莊子 · 山木』
장 자   산 목

cǐ mù yǐ bù cái, dé zhōng qí tiān nián yǐ.

어휘 설명

1) 以(이) : ~때문에 | 材(재) : 재목, 자질
2) 終(종) : 마치다 | 天年(천년) : 하늘이 내려 준 수명

어법 설명

得(득)

① (동사) 얻다

兒可得, 母難再求(아가득, 모난재구) 아이는 얻을 수 있지만 어머니는 다시 얻을 수 없다.

② (조동사) ~할 수 있다. 같은 용법으로 可(가), 能(능), 足(족), 足以(족이), 得以(득이) 등

　이 있다.

　—鳥獨不得去(일조독부득거) 한 마리 새만 유독 날아갈 수 없었다.

우리말 해석

이 나무는 재목감이 아니라서 하늘이 내려준 수명을 마칠 수 있었다.

해 설

장자가 무용지용(無用之用) 사상을 논하는 대목이다. 장자가 제자들과 산속을 거닐다가 우람하고 가지가 무성한 나무를 보았는데 아무도 베어 가지 않았다. 쓸모없는 잡목이었기 때문이다. 곧고 반듯한 재목이었다면 일찍 베임을 당했을 것이다. 「인간세」 편에는 나무가 장자의 꿈속에 나와 무용지용을 논하는 내용이 있다. 열매가 좋으면 가지가 꺾이고 능욕을 당하다가 일찍 베였을 것이니 이는 결국 능력이 뛰어나 생명을 잃는 셈이다. 그러므로 쓸모없음이야말로 진정한 큰 쓸모라는 것이다. 모든 가치는 상대적이라는 장자 사상의 중점과도 이어진다.

02

上善若水[1], 水善利萬物而不爭[2],
상 선 약 수   수 선 리 만 물 이 부 쟁

處衆人之所惡[3], 故幾於道[4].
처 중 인 지 소 오   고 기 어 도

『老子』
노 자

shàng shàn ruò shuǐ, shuǐ shàn lì wàn wù ér bù zhēng.
chǔ zhōng rén zhī suǒ wù, gù jī yú dào.

어휘 설명

1) 上善(상선) : 최상의 선, 최고 경지의 선
2) 善(선) : ~에 능하다 | 利(리) : 이롭다, 날카롭다 | 爭(쟁) : 다투다
3) 處(처) : 처하다 | 衆人(중인) : 대중 | 所(소) : ~하는 바 | 惡(오) : 미워하다
4) 幾(기) : 거의

幾(기)

① 거의

公子幾矣(공자기의) 공자의 뜻이 거의 이루어졌습니다.

② 얼마나

鯤之大不知其幾千里(곤지대부지기기천리) 곤의 크기는 몇 천 리나 되는지 알 수 없다.

우리말 해석

최고의 선은 물과 같다. 물은 만물을 이롭게 하면서도 다투지 않으며 모두가 싫어하는 곳에 처한다. 그러므로 도에 가깝다.

해 설

노자가 이상적인 인격의 형태를 물의 속성에 비유한 말로 상선약수(上善若水)라는 성어가 여기서 나왔다. 강제력을 행사하거나 구속하지 않고 낮은 자세로 타인을 위해 행동하는 것이니 극도로 온유한 리더십이라 할 수 있다. 본문에서 爭(다툴 쟁)은 말은 무엇을 다툰다는 것인지 해석이 분분하다. 만물과 다툰다고 해석하기도 하고 공로를 다툰다고 해석하기도 한다. 겸손의 미덕을 강조한다는 점에서 후자의 해석이 자연스럽다.

03

刻削之道[1], 鼻莫如大[2], 目莫如小.
각 삭 지 도　　비 막 여 대　　목 막 여 소

『韓非子 · 說林』
한 비 자 　 설 림

kè xiāo zhī dào, bí mò rú dà, mù mò rú xiǎo.

어휘 설명

1) 刻(각) : 새기다, 깎다 | 削(삭) : 깎다 | 道(도) : 도, 원리
2) 鼻(비) : 코

어법 설명

莫(막)

① (금지) ～말라

疑人莫用, 用人勿疑(의인막용, 용인물의) 사람을 의심하면 쓰지 말고, 사람을 썼다면 의심하지 말라.

② ～아니다. 不(불)과 같다.

莫敢過其門(막감과기문) 감히 그 문을 지나지 못한다.

조각의 도는 코는 크게 하는 법만 한 것이 없고 눈은 작게 하는 법만 한 것이 없다.

해 설

본문은 조각의 원칙을 말하는 내용이다. 코는 일단 크게 만들어야 하고 눈은 일단 작게 만들어야 한다. 그래야 고치고 싶을 때 고칠 수 있기 때문이다. 한비자의 사상은 현실과 실용에 중점을 두고 있다. 예술의 본질이나 원리에 대해 논하는 내용이 극히 적은데 대부분 본문의 내용과 같이 실용 주의의 관점에서 접근한다는 특징이 있다.

04

民間俗諱¹⁾, 各處有之, 而吳中爲甚²⁾.
민 간 속 휘   각 처 유 지   이 오 중 위 심

如舟行諱'住'³⁾, 諱'翻'⁴⁾, 以'箸'爲'快兒'⁵⁾.
여 주 행 휘 주   휘 번   이 저 위 쾌 아

『菽園雜記』
숙 원 잡 기

mín jiān sú huì, gè chù yǒu zhī, ér wú zhōng wéi shèn.
rú zhōu xíng huì zhù, huì fān, yǐ zhù wéi kuài ér.

어휘 설명

1) 俗(속): 풍속 | 諱(휘): 꺼리다, 이름
2) 吳中(오중): 지명. 지금의 강소성 소주(蘇州) 일대 | 甚(심): 심하다
3) 如(여): ~와 같다 | 舟(주): 배 | 住(주): 멈추다
4) 翻(번): 뒤집다
5) 箸(저): 젓가락 | 快(쾌): 빠르다 | 兒(아): 접미사

以(이)A爲(위)B : A를 B로 삼다(여기다)

　　民以食爲天(민이식위천) 백성은 먹는 것을 하늘로 여긴다.

우리말 해석

민간 풍속에서 꺼리는 것은 곳곳에 있는데 오중 지역이 심하다. 예를 들면 배가 갈 때는 멈추는 것을 꺼리고 뒤집어지는 것을 꺼린다. 그래서 '箸(젓가락)'를 '快兒(빠름)'으로 바꿨다.

해 설

『숙원잡기』: 명나라 육용(陸容, 1436~1497)이 쓴 역사 기록으로 저자의 고향인 오중(吳中, 지금의 강소성 소주 일대)의 인물, 지리, 방언, 풍속 등의 내용이 많다. 오중 일대는 양자강 하류이고 바다와 가까워 배에 대한 금기가 많았던 것 같다. 본문은 젓가락을 뜻하는 글자가 箸(저)에서 快(쾌)로 바뀐 유래를 설명한다. 비슷한 발음을 활용해 다른 의미와 연결하는 언어 현상을 해음(諧音)이라 부른다.

01 　　叔敖埋蛇(숙오매사)

孫叔敖爲嬰兒¹⁾, 出遊而還, 憂而不食²⁾. 其母問其故,
손 숙 오 위 영 아　　출 유 이 환　　우 이 불 식　　기 모 문 기 고

泣而對曰³⁾, "今日吾見兩頭蛇⁴⁾. 恐去死無日矣⁵⁾."
읍 이 대 왈　　금 일 오 견 양 두 사　　공 거 사 무 일 의

母曰, "今蛇安在?" 曰, "吾聞見兩頭蛇者死.
모 왈　　금 사 안 재　　왈　　오 문 견 량 두 사 자 사

吾恐他人又見, 已埋之矣⁶⁾."
오 공 타 인 우 견　　이 매 지 의

『新序 · 雜事』
신 서　　잡 사

sūn shū áo wéi yīng ér, chū yóu ér huán, yōu ér bù shí. qí mǔ wèn qí gù,
qì ér duì yuē, "jīn rì wú jiàn liǎng tóu shé. kǒng qù sǐ wú rì yǐ."
mǔ yuē, "jīn shé ān zài?" yuē, "wú wén jiàn liǎng tóu shé zhě sǐ.
wú kǒng tā rén yòu jiàn, yǐ mái zhī yǐ."

1) 孫叔敖(손숙오, B.C. 630?~B.C. 593?) : 춘추 시대 초나라의 영윤(令尹, 재상)으로 춘추오패의 일원인 초나라 장왕(莊王)을 보좌했다. | 嬰兒(영아) : 어린아이

2) 憂(우) : 걱정하다

3) 泣(읍) : 울다

4) 兩頭蛇(양두사) : 머리가 두 개인 뱀

5) 恐(공) : 두렵다 | 去(거) : 가다 | 無日(무일) : 날이 얼마 없다

6) 已(이) : 이미 | 埋(매) : 묻다, 매장하다

어법 설명

(1) 故(고)

　① 이유

　　不解其故(불해기고) 그 이유를 이해하지 못했다.

　② 사고, 변고

　　兄弟無故(형제무고) 형제들에게 변고가 없다.

(2) 安(안)

　① 편안하다

　　君子安而不忘危(군자안이불망위) 군자는 편안해도 위태로울 때를 잊지 않는다.

　② 어찌, 어디

　　子將安之(자장안지) 그대는 장차 어디로 가려는가?

손숙오가 뱀을 묻다

손숙오가 어렸을 때 놀러 나갔다가 돌아왔는데 걱정하며 밥을 먹지 않았다. 어머니가 그 이유를 물었더니 울며 대답하길, "오늘 제가 머리 둘 달린 뱀을 보았습니다. 죽을 날이 얼마 남지 않아 두렵습니다." 어머니가 "지금 뱀은 어디 있느냐?"라고 말했더니 대답하길, "제가 듣기에 머리 둘 달린 뱀을 보는 사람은 죽는다고 하니 다른 사람이 볼까봐 염려되어 이미 묻어버렸습니다."

『신서』: 한나라 때의 저명한 학자 유향(劉向, B.C. 77?~B.C. 6)이 엮은 역사 고사집. 주로 역사 인물들의 교훈적인 이야기이며 덕치(德治), 인정(仁政), 민본(民本) 등 유가 사상에 기초한 내용이 많다. 유향의 또 다른 저서인 『說苑(설원)』과 성격이 비슷하다. 본문은 초나라의 손숙오가 어린 시절부터 이타심과 지혜가 뛰어났음을 보여주는 일화이다.

02 阮籍嗜酒(완적기주)

天下多故, 名士少有全者[1], 籍由是不與世事[2], 遂酣飮爲常[3].
천 하 다 고 명 사 소 유 전 자 적 유 시 불 여 세 사 수 감 음 위 상

文帝初欲爲武帝求婚於籍[4], 籍醉六十日[5], 不得言而止.
문 제 초 욕 위 무 제 구 혼 어 적 적 취 육 십 일 부 득 언 이 지

鍾會數以時事問之[6], 欲因其可否而致之罪[7], 皆以酣醉獲免[8].
종 회 삭 이 시 사 문 지 욕 인 기 가 부 이 치 지 죄 개 이 감 취 획 면

『晉書 · 阮籍傳』
진 서 완 적 전

tiān xià duō gù, míng shì shǎo yǒu quán zhě, jí yóu shì bù yǔ shì shì, suì hān yǐn wéi cháng.

wén dì chū yù wèi wǔ dì qiú hūn yú jí, jí zuì liù shí rì, bù dé yán ér zhǐ.

zhōng huì shuò yǐ shí shì wèn zhī, yù yīn qí kě fǒu ér zhì zhī zuì, jiē yǐ hān zuì huò miǎn.

어휘 설명

1) 故(고) : 변고 | 名士(명사) : 사회적 명망이 큰 인물 | 全(전) : 온전하다, 보전하다
2) 籍(적) : 완적 | 由是(유시) : 이로부터 | 與(여) : 참여하다
3) 遂(수) : 마침내 | 酣(감) : (주흥이) 무르익다, 즐기다 | 飮(음) : 마시다 | 常(상) : 일상
4) 文帝(문제) : 사마소(司馬昭) | 欲(욕) : ~하려 하다 | 武帝(무제) : 사마소의 아들 사마염(司

馬炎). 후에 진나라를 세우고 황제가 되었다. **| 求婚**(구혼) : 구혼하다

5) **醉**(취) : (술에) 취하다

6) **鍾會**(종회) : 당시 사마소의 수하에 있던 인물 **| 數**(삭) : 자주

7) **因**(인) : 인하다 **| 可否**(가부) : 가부, 찬성과 반대 **| 致罪**(치죄) : 죄의 책임을 물어 처벌하다

8) **皆**(개) : 모두 **| 獲**(획) : 얻다 **| 免**(면) : 면하다

어법 설명

數(수, 삭)

① (수, shù) : 숫자

부지기수(不知其數) 그 수를 알지 못했다.

② (수, shǔ) : 세다

遽數之, 不能終其物(거수지 불능종기물) 갑자기 세자면 그 사물을 끝까지 셀 수 없습니다.

③ (삭, shuò) : 자주

多言數窮(다언삭궁) 말이 많으면 자주 궁지에 몰린다.

우리말 해석

완적이 술을 좋아하다

천하에 변고가 많고 명사 중에 온전하게 살아남은 자가 적었다. 완적은 이에 세상의 일에 참여하지 않고 늘상 술에 취해 있었다. 문제가 처음에 무제를 위해 완적에게 혼인을 청하려 했는데 완적이 육십일을 취해 있자 말을 하지 못하고 그만두었다. 종회가 자주 세상일을 물으며 그 대답 여부로 그에게 죄를 뒤집어씌우려 했지만 늘 술에 취해 있었기 때문에 벗어났다.

『진서』: 당나라 방현령(房玄齡, 579~648) 등이 동한 말기 사마의(司馬懿)의 시대부터 동진 멸망까지의 역사를 기록한 사서. 사마의는 위나라의 중신이었는데 어린 황제가 즉위한 후 보정대신이 되었다가, 후에 실권을 장악하고 냉혹한 공포 정치를 실시했다. 결국 사마의의 손자 사마염이 위 원제를 퇴위시키고 진나라를 세웠다. 본문에서 "천하에 변고가 많았다"라고 말한 것은 이때의 정치적 상황을 묘사한 것이다. 완적(阮籍, 210~263)은 현실 정치에 대한 혐오와 위험한 정국에서 생명을 지키려고 과한 음주와 기행을 했다.

「春怨(춘원)」

金昌緒
김 창 서

打起黃鶯兒[1], 莫教枝上啼[2].
타 기 황 앵 아   막 교 지 상 제

啼時驚妾夢[3], 不得到遼西[4].
제 시 경 첩 몽   부 득 도 요 서

dǎ qǐ huáng yīng ér, mò jiào zhī shàng tí.
tí shí jīng qiè mèng, bù dé dào liáo xī.

어휘 설명

1) **打**(타) : 치다 | **起**(기) : 일어나다 | **黃鶯兒**(황앵아) : 꾀꼬리

2) **莫**(막) : (금지) ~말라 | **敎**(교) : (사역) ~하게 하다 | **枝**(지) : 나뭇가지 | **啼**(제) : 울다

3) **驚**(경) : 놀라다 | **妾**(첩) : 여성이 자신을 낮춰 부르는 말

4) **不得**(부득) : ~할 수 없다 | **遼西**(요서) : 지역명. 지금의 요녕성(遼寧省) 서부 일대. 이민족과
   의 접경 지역이기 때문에 전쟁이 잦아 많은 백성들이 징병되어 갔다.

봄의 원망

꾀꼬리를 쫓아, 나뭇가지 위에서 울지 못하게 해주세요.

울 때마다 저의 꿈이 놀라 깨어, 요서에 닿을 수가 없으니까요.

해 설

「춘원」 김창서(?~?): 당나라 때 시인으로 알려진 행적은 없으나 「춘원(春怨)」 한 수가 널리 명성을 얻어 오늘날까지 전한다.

마지막 구절부터 읽어보니 사연을 알 만하다. 새댁은 왜 요서에 가고 싶었을까? 아마도 남편이 전쟁터에 징집되어 갔나 보다. 현실에서는 갈 수 없으니 꿈에서나마 가고 싶었는데 자꾸만 울어대며 잠을 깨우는 꾀꼬리가 미웠던 것이다. 젊은 새댁이 보내는 일상의 한 장면을 묘사했지만 사실 반전(反戰)이라는 심각한 주제가 담겨 있다.

筆(붓 필)과 관련된 글자

筆(붓 필)은 붓을 가리키는 글자이다. 세로로 세워진 필기구를 오른손으로 잡고 있는 모습에서 나왔다. 붓대 끝의 털 모양도 섬세하게 그려져 있다. 처음에는 聿(붓 율)자로 붓을 의미했는데 대나무를 사용하게 되면서 竹(대 죽)을 붙여 筆(필)로 썼다. 진(秦)나라 때 몽염(蒙恬)이 붓을 개량하면서 대나무를 사용했다고 하니 실제 붓의 발명은 훨씬 이전일 것이다. 붓이 보편화되기 전에는 목판이나 죽간에 날카로운 칼 등으로 글씨를 팠다. 畵(그림 화)는 손으로 붓을 잡고 밭(田)으로 보이는 형상을 그리는 모습이다. 書(글 서)는 口(입 구)로 보이는 글자를 쓰는 모습이다. 쓰다, 글, 편지, 책 등 쓰는 것과 관련된 여러 의미를 갖고 있다. 事(일 사)에도 붓이 들어 있다. 문서를 작성하는 일이나 업무를 의미했을 것이다. 붓과 관련된 글자는 이외에도 建(세울 건), 尹(다스릴 윤), 吏(벼슬아치 리) 등이 있다.

筆 (붓 필)	畵 (그림 화)	書 (글 서)	事 (일 사)

장자의 상대주의

모든 가치는 상대적이기 때문에 다수의 판단이 절대적으로 옳은 것은 아니라는 관점을 상대주의라 한다. 장자의 무용지용론도 쓸모없음과 쓸모 있음에 대한 상대주의 관점이다.

장자는 혜시에게 쓸모없음을 알아야 쓸모 있음을 논할 수 있다며 이렇게 말했다. "아무리 넓고 큰 땅일지라도 사람들이 사용하는 것은 발이 닿는 지면뿐이오. 나머지 땅들을 쓸모없다고 다 파내버린다면 남은 땅을 어디에 쓰겠소?" 쓸모없음과 쓸모 있음은 칼로 자른 것처럼 명확하게 나누어지지 않으며 서로 이어져 유용하게 작용한다는 것이다.

장자가 혜시에게 또 말했다. "어떤 사람이 손이 안 트는 약을 만드는 비법이 있었는데 이 약을 이용해 겨울에 솜을 물에 빨아 돈을 벌었소. 그런데 한 나그네가 이 사람에게 비법을 사서 오나라 왕을 찾아가더니 오나라의 장수가 되어 월나라를 수전(水戰)으로 무찔렀소. 약의 제조 비법은 같지만 어떤 사람은 평생 솜을 빨고 어떤 사람은 영주가 되어 부귀영화를 누린다오." 생각과 입장이 바뀌면 쓸모에 대한 가치 판단이 바뀐다. 허(虛, 비다)와 실(實, 차다) 중에 어느 것이 유용한가? 실이 더 유용한 것 같지만 노자는 허가 근본이라고 말했다. 비어야 채울 수 있다. 비어 있지 않은 그릇은 쓸 수 없다.

아름다움과 추함, 선과 악도 마찬가지다. 모장, 여희는 춘추 시대 유명한 미인들이다. 모든 사람들이 이들의 아름다움에 감탄하지만 물고기는 이들을 보고 물 밑으로 숨어버린다. 새들은 높이 날아가고 사슴들은 힘껏 달려 도망친다. 두렵기 때문이다. 사람들은 모장, 여희가 아름답다고 여기는데 물고기와 새, 사슴은 왜 그 아름다움을 알지 못할까? 누가 옳은 것일까? 옳고 그름의 이치를 가릴 수 있을까? 아름다움과 추함, 선과 악, 옳고 그름도 모두 상대적이다. 『장자』에 "학의 다리가 길다고 자르지 말라"라는 말이 있다. 학의 다리가 길어 넘어질 듯 위태롭게 걷는 것은 인간의 시각일 뿐이다. 자기의 주관적 기준을 타인에게 강요해서는 안 된다.

삶과 죽음에 대한 인식도 상대적이다. 인간은 삶을 기뻐하고 죽음을 싫어한다. 그러나 이 역시 인식의 문제이다. 장자의 아내가 죽어 친구 혜시가 문상을 갔더니 장자가 노래를 부르고 있었다. 혜시가 비난하자 장자는 이렇게 대답했다. "나도 처음엔 슬펐지만 생의 근원을 살펴보았더니 처음엔 생명도 없었고 육체도, 기(氣)도 없었소. 기가 변하여 육체가 되고 생명이 되었던 것인데 지금 다시 기가 변하여 죽음에 이르렀으니 이는 사계절이 순환하는 것과 같소." 장자는 생명을 기의 작용으로 보았다. 기가 모이면 생명이 되고 흩어지면 죽음이 된다. 삶과 죽음은 물리적인 현상이니 기뻐하고 슬퍼할 이유가 없다. 여희라는 여자가 있었다. 여희는 시집가기 싫어 울었지만 막상 결혼해보니 너무 편안하고 만족스러워 예전 울고불고했던 일을 후회했다. 죽음에 대한 비유다. 인간은 죽음의 세계를 알지도 못하면서 죽음을 두려워한다. 여희처럼 죽음을 싫어했던 시절을 후회할 수도 있다.

모든 가치에 대한 판단이 상대적인 것은 인식의 문제이기 때문이다. 인간의 인식은 불완전하다. 장자가 꿈에 나비가 된 것인지, 나비가 꿈에 장자가 된 것인지 알 수 없는 것처럼.

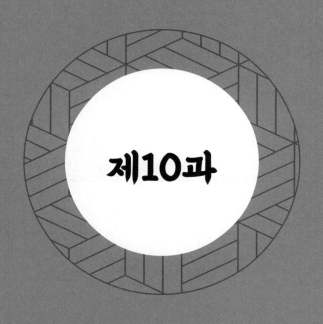

제10과

01

路遙知馬力¹⁾, 日久見人心²⁾.
노 요 지 마 력   일 구 견 인 심

「爭報恩」
쟁 보 은

lù yáo zhī mǎ lì, rì jiǔ jiàn rén xīn.

어휘 설명

1) 遙(요) : 멀다, 요원하다
2) 日(일) : 세월 | 久(구) : 오래되다

어법 설명

見(견, 현)

　① (견) 보다

　　不見人, 徒見金(불견인, 도견금) 사람은 보이지 않았고 다만 금만 보였다.

② (현) 나타나다, 드러나다

圖窮而匕首見(도궁이비수현) 지도가 다 펼쳐지자 비수가 나타났다.

길이 멀어야 말의 힘을 알고, 세월이 오래가야 사람의 마음을 안다.

「쟁보은」: 원나라 때 작자 미상의 극본. 양산박(梁山泊)의 세 호걸 관승(關勝), 서녕(徐寧), 화영(花榮)이 불의에 맞서 정의를 수호하는 이야기이다. 원나라 때의 희곡을 잡극(雜劇)이라 부르는데 잡극은 보통 설자(楔子, '서막'에 해당)와 4개의 절(折, '막'에 해당)로 구성된다. 본문의 내용은 제1절에 나오는 대사이다.

02

貧賤之知不可忘[1], 糟糠之妻不下堂[2].

빈 천 지 지 불 가 망   조 강 지 처 불 하 당

『後漢書 · 宋弘傳』
후 한 서   송 홍 전

pín jiàn zhī zhī bù kě wàng, zāo kāng zhī qī bú xià táng.

어휘 설명

1) **貧賤**(빈천) : 가난하고 신분이 천함 | **知**(지) : 친구 | **忘**(망) : 잊다
2) **糟糠**(조강) : 지게미와 쌀겨. 가난한 사람이 먹는 거친 음식 | **妻**(처) : 아내 |
   下堂(하당) : 집에서 나가다

어법 설명

不可(불가)

① (가능의 부정) ~할 수 없다

  穀不可勝食也(곡불가승식야) 곡식을 이루 다 먹을 수 없다.

② (불허 또는 금지) ~해선 안 된다

  不可近, 不可遠. 敬而遠之(불가근, 불가원. 경이원지) 너무 가까이하지도 멀리하지도 말
  라. 공경하되 멀리하라.

빈천했던 시절에 사귄 친구는 잊을 수 없고, 환란을 함께 겪은 아내는 버릴 수 없다.

해 설

『**후한서**』: 후한 시대의 역사를 기록한 기전체 사서로 남조 송나라 때 범엽(范曄, 398~445)이 썼다. 본문의 내용은 후한을 세운 광무제에게 송홍(宋弘)이 한 말이다. 광무제는 과부인 누이 호양공주를 재혼시키려고 송홍에게 "부귀한 신분이 되면 친구와 처를 바꾸는 것"이라고 제안했지만 송홍은 본문의 말로 거절했다. 후에 貧賤之交(빈천지교)라는 말로 더 널리 알려졌다.

03

知之者不如好之者¹⁾, 好之者不如樂之者²⁾.
지 지 자 불 여 호 지 자   호 지 자 불 여 락 지 자

『論語 · 雍也』
논 어   옹 야

zhī zhī zhě bù rú hào zhī zhě, hào zhī zhě bù rú lè zhī zhě.

어휘 설명

1) 者(자) : ~것, 사람 | 好(호) : 좋아하다
2) 樂(락) : 즐기다

어법 설명

不如(불여) : ~만 못하다

　　百聞不如一見(백문불여일견) 백 번 듣는 것이 한 번 보는 것만 못하다.

우리말 해석

아는 것은 좋아하는 것만 못하고, 좋아하는 것은 즐기는 것만 못하다.

공자는 새로운 것을 배울 때의 단계를 알고(知), 좋아하고(好), 즐기는(樂) 세 단계로 나누었다. 흥미가 깊어지는 과정이다. 흥미가 깊어질수록 주동적인 태도가 되고 배움이 높은 경지로 올라간다. 주자는 이 말을 다음과 같이 해설했다. "곡식에 비유하자면, 안다는 것은 그 곡식이 먹을 수 있다는 것을 아는 것이다. 좋아한다는 것은 그 곡식을 먹어보고 좋아하게 된 것이다. 즐긴다는 것은 그 곡식을 좋아해서 배부르게 먹게 된 것이다."

04

今人乍見孺子將入於井¹⁾, 皆有怵惕惻隱之心²⁾.
금 인 사 견 유 자 장 입 어 정　　개 유 출 척 측 은 지 심

『孟子 · 公孫丑上』
맹 자　공 손 추 상

jīn rén zhà jiàn rú zǐ jiāng rù yú jǐng, jiē yǒu chù tì cè yǐn zhī xīn.

어휘 설명

1) 乍(사) : 문득, 잠깐 | 孺子(유자) : 젖먹이 아기 | 將(장) : 장차 | 井(정) : 우물
2) 皆(개) : 모두 | 怵惕(출척) : 놀라고 두려워하다 | 惻隱(측은) : 측은하다

어법 설명

將(장)

① 장수, 인솔하다, 거느리다

如我能將幾何(여아능장기하) 나 같은 사람은 어느 정도의 군사를 거느릴 수 있겠는가?

② 장차 ~하려고 하다

我將東徙(아장동사) 나는 장차 동쪽으로 이사 가려고 한다.

지금 누군가가 갓난아이가 곧 우물에 빠지려고 하는 것을 갑자기 보게 된다면 모두 놀라고 불쌍한 마음이 들 것이다.

맹자는 모든 사람은 불인지심(不忍之心, 차마 어쩌지 못하는 마음)이 있다고 했다. 본문의 내용이 그 예시이다. 위험에 처한 아이를 보고 구해주려고 하는 것은 아이의 부모와 친교하려는 이유도 아니고 사람들의 책망이 싫어서도 아니다. 오로지 본성 때문이다. 맹자는 인간의 본성을 측은지심(惻隱之心), 수오지심(羞惡之心), 사양지심(辭讓之心), 시비지심(是非之心)의 네 가지 측면으로 말했다. 각각 인(仁), 의(義), 예(禮), 지(智)의 근거이다. 이를 사단(四端)이라 부른다.

제2절 문장 이해

01　伯牙絶絃(백아절현)

伯牙鼓琴[1], 鍾子期聽之[2]. 方鼓而志在太山[3]. 鍾子期曰,
백 아 고 금　종 자 기 청 지　　방 고 이 지 재 태 산　종 자 기 왈

"善哉乎鼓琴! 巍巍乎若太山[4]." 少選之間[5], 而志在流水.
선 재 호 고 금　외 외 호 약 태 산　　소 선 지 간　　이 지 재 유 수

鍾子期又曰, "善哉乎鼓琴! 湯湯乎若流水[6]." 鍾子期死,
종 자 기 우 왈　　선 재 호 고 금　　상 상 호 약 유 수　　종 자 기 사

伯牙破琴絶弦[7], 終身不復鼓琴, 以爲世無足復爲鼓琴者[8].
백 아 파 금 절 현　　종 신 불 부 고 금　이 위 세 무 족 부 위 고 금 자

『呂氏春秋 · 本味』
여 씨 춘 추　 본 미

bó yá gǔ qín, zhōng zǐ qī tīng zhī. fāng gǔ ér zhì zài tài shān. zhōng zǐ qī yuē,
"shàn zāi hū gǔ qín! wēi wēi hū ruò tài shān." shǎo xuǎn zhī jiān, ér zhì zài liú shuǐ.
zhōng zǐ qī yòu yuē, "shàn zāi hū gǔ qín! shāng shāng hū ruò liú shuǐ." zhōng zǐ qī sǐ,
bó yá pò qín jué xián, zhōng shēn bú fù gǔ qín, yǐ wéi shì wú zú fù wèi gǔ qín zhě.

1) **伯牙**(백아) : 인명. 중국 춘추 시대 거문고 명인 **| 鼓**(고) : 치다, 연주하다 **| 琴**(금) : 거문고

2) **鍾子期**(종자기) : 백아의 지음(知音) **| 聽**(청) : 듣다

3) **方**(방) : 바야흐로 **| 志**(지) : 뜻, 생각 **| 太山**(태산) : 높은 산. 혹 泰山(태산, 지금 산동 소재)
   이라고도 한다.

4) **巍巍**(외외) : (산이) 높고 큰 모양 **| 乎**(호) : 어조사

5) **少選之間**(소선지간) : 잠시 후에. 잠깐 사이에

6) **湯湯**(상상) : 물이 세차게 흐르는 모양

7) **破**(파) : 부수다 **| 絕**(절) : 끊다 **| 弦**(현) : (거문고의) 현

8) **足**(족) : 족히

어법 설명

(1) **以爲**(이위)

　① ~로 삼다. 以之爲(이지위)의 축약형

　　漉菽以爲汁(녹숙이위즙) 콩을 걸러 즙으로 만들다.

　② ~라고 여기다(생각하다)

　　以爲虎而射之(이위호이사지) 호랑이라고 생각해 활을 쐈다.

(2) **哉乎**(재호) : 감탄의 어감을 강조한다.

　善哉乎賈生推言之也(선재호가생추언지야) 훌륭하네, 가의(賈誼)가 추앙한 말이여!

백아가 거문고 현을 끊다

백아가 거문고를 연주하는데 종자기가 그 소리를 들었다. 연주가 무르익고 뜻이 태산에 있었다. 종자기가 말했다. "거문고 연주가 훌륭하구나! 우뚝 솟은 높은 음이 마치 태산 같도다." 조금 지나 뜻이 흐르는 강물에 있었다. 종자기가 다시 말했다. "거문고 연주가 훌륭하구나! 호호탕탕한 소리가 마치 흐르는 강물 같도다." 종자기가 죽자 백아는 거문고를 부수고 현을 끊어버리고선 종신토록 다시는 거문고를 연주하지 않았으니, 세상에 다시는 거문고 연주를 들려줄만한 사람이 없다고 여겼다.

해 설

『여씨춘추』: 전국 시대 말기에 진(秦)나라 여불위(呂不韋, B.C. 292~B.C. 235)가 빈객들을 모아 지은 방대한 규모의 저작으로 제자백가의 다양한 관점을 수용했다. 본문의 내용은 지음(知音)이란 성어의 유래이다. 뛰어난 연주도 뛰어난 감상자가 없다면 의미가 없다. 문학의 영역에서 작가와 독자의 관계도 마찬가지이다. 『여씨춘추』는 이 이야기를 차용하여 군주와 인재의 관계를 논했다. 능력을 인정하고 그에 합당한 대우를 해줘야 인재가 능력을 발휘할 수 있다는 것이다.

02 伯樂一顧(백락일고)

人有賣駿馬者[1], 比三旦立市[2], 人莫之知. 往見伯樂曰[3],
인 유 매 준 마 자   비 삼 단 입 시   인 막 지 지   왕 견 백 락 왈

"臣有駿馬欲賣之[4], 比三旦立於市, 人莫與言[5].
신 유 준 마 욕 매 지   비 삼 단 입 어 시   인 막 여 언

願子還而視之[6], 去而顧之[7], 臣請獻一朝之賈[8]."
원 자 환 이 시 지   거 이 고 지   신 청 헌 일 조 지 고

伯樂乃還而視之, 去而顧之. 一旦而馬價十倍[9].
백 락 내 환 이 시 지   거 이 고 지   일 단 이 마 가 십 배

『戰國策 · 燕策』
전 국 책   연 책

rén yǒu mài jùn mǎ zhě, bǐ sān dàn lì shì, rén mò zhī zhī. wǎng jiàn bó lè yuē,
"chén yǒu jùn mǎ yù mài zhī, bǐ sān dàn lì yú shì, rén mò yǔ yán.
yuàn zǐ huán ér shì zhī, qù ér gù zhī, chén qǐng xiàn yī cháo zhī gǔ."
bó lè nǎi huán ér shì zhī, qù ér gù zhī. yī dàn ér mǎ jià shí bèi.

어휘 설명

1) 賣(매) : 팔다 | 駿馬(준마) : 빠르게 잘 달리는 명마
2) 比(비) : 나란히, 연달아 | 三旦(삼단) : 사흘 아침 | 立(립) : 서다

3) 往(왕) : 가다 **|** 伯樂(백락) : 인명. 고대에 명마를 잘 감별했던 인물

4) 臣(신) : (1인칭) 자신을 낮춰 부르는 말 **|** 欲(욕) : ~하려 하다

5) 與(여) : 함께 **|** 言(언) : 말하다

6) 願(원) : 원하다 **|** 子(자) : (2인칭) 그대, 당신 **|** 還(환) : 돌다 **|** 視(시) : 보다

7) 去(거) : 떠나다 **|** 顧(고) : 돌아보다

8) 請(청) : 청하다 **|** 獻(헌) : 바치다 **|** 一朝(일조) : 하루 아침 **|** 賈(고) : 장사

9) 一旦(일단) : 하루 아침

어법 설명

莫之知(막지지)

일반적으로 중국어(한문)의 어순은 '동사+목적어'이지만 부정문에서 목적어가 대명사일 경우, "子不我思(자불아사)", "我未之見(아미지견)"처럼 '목적어+동사'의 어순으로 도치될 때가 있다. 이때 사용되는 부정사는 不(불), 未(미), 無(무), 莫(막) 등이다.

日月逝矣, 歲不我與(일월서의 세불아여) 해와 달이 흘러가니 세월이 나와 함께하지 않는구나.

우리말 해석

백락이 한 번 돌아보다

준마를 파는 사람이 있었는데, 연달아 3일 동안 시장에 서 있었으나 아무도 준마를 알아보지 못했다. 백락을 찾아가 만나서 말했다. "저에게 준마가 있어 팔려고 연달아 사흘 동안 시장에 서 있었으나 말을 걸어오는 사람이 아무도 없었습니다. 원컨대 그대께서 준마 주위를 돌면서 살펴봐 주시고, 떠나가면서 돌아봐 주십시오. 제가 하루의 수입을 드리겠습니다." 백락이 이에 준마 주위를 돌면서 살폈고, 떠나가면서 돌아봤다. 하루아침에 말값이 열 배 올랐다.

『**전국책**』: 전국 시대의 유세가(遊說家)가 제후에게 유세한 책략을 나라별로 모은 책. 원저자는 알 수 없고 서한 문인 유향(劉向)이 모두 33편으로 편집하여 『전국책』을 썼다. 전국 시대라는 역사 용어도 여기서 유래한다. 본문의 내용은 명마를 감식하는 능력이 뛰어난 백락의 이야기이다. 백락은 인재를 등용하는 일에 자주 비유된다. 뛰어난 인재가 있어도 이를 알아주는 군주가 없다면 소용이 없다. 천 리를 달리는 말이라도 평생 소금 수레를 끌다 죽으면 당나귀나 노새와 다를 바 없는 것처럼. 당나라 때 한유(韓愈)는 "백락이 있은 후에 천리마가 있다. 천리마는 항상 있지만 백락은 항상 있지 않다"라고 했다

제3절 한시 감상

「靜夜思(정야사)」

李白
이 백

牀前明月光¹⁾, 疑是地上霜²⁾.
상 전 명 월 광   의 시 지 상 상

舉頭望明月³⁾, 低頭思故鄕⁴⁾.
거 두 망 명 월   저 두 사 고 향

chuáng qián míng yuè guāng, yí shì dì shàng shuāng.
jǔ tóu wàng míng yuè, dī tóu sī gù xiāng.

어휘 설명

1) 牀(상) : 침상, 침대, 우물의 난간
2) 疑(의) : 의심하다 | 霜(상) : 서리
3) 舉(거) : 들다 | 頭(두) : 머리 | 望(망) : 바라보다
4) 低(저) : 낮다, 낮추다 | 思(사) : 생각하다

고요한 밤의 그리움

우물가에 밝은 달빛, 땅에 서리가 내렸나 싶었네.

머리 들어 밝은 달을 바라보고, 머리 숙여 고향을 생각하네.

「정야사」 이백(701~762) : 성당 때의 시인으로 자는 태백(太白)이다. 두보(杜甫)와 함께 중국 시단의 쌍벽으로 평가받는다. 천성이 자유분방하고 술과 관련된 시를 많이 썼다. 일필휘지(一筆揮之)의 필법으로 낭만적이고 호쾌한 시풍을 구사하여 시선(詩仙)이라는 칭호가 있다.

아마도 명월은 대보름이나 추석의 달일 것이다. 제1구의 牀(상)에 대해 ① 우물의 난간, ② 침대, ③ 창문 등의 해석이 있다. 서리가 내렸나 의아했다는 말을 보면 침대보다 우물가의 풍경으로 보는 것이 좋을 것 같다. 쉽고 평범한 내용에 담긴 감정이 진실하다.

册(책 책)과 관련된 글자

　종이가 발명되기 전 글을 기록하는 매체는 일반적으로 목판, 혹은 죽간이었다. 대나무는 가볍지만 표면이 미끄럽기 때문에 글을 쓰려면 가공이 필요했다. 찌거나 그슬려 기름 성분을 제거한 후 칼로 잘라 납작하고 긴 가지를 만들어 글을 썼다. 내용이 많으면 끈으로 묶어 연결했는데 책의 최초 형태다. 책을 의미하는 册(책 책)은 죽간이 연결된 모습이다. 冊(책)이라고 써도 된다. 같은 글자다. 공자는 이 가죽끈이 세 번이나 끊어지도록『주역』을 읽었다고 한다. 이를 "위편삼절(韋編三絶)"이라 부른다. 책을 열심히 읽는다는 성어로 사용된다. 이 죽간을 동그랗게 말아 원통형으로 만들어 휴대했는데 책을 세는 단위인 卷(말 권)이 여기서 유래했다. 권(卷)은 '말다'라는 뜻이라 중국어에서 혀를 동그랗게 말고 내는 발음을 권설음이라 부른다. 많으면 수레에 싣고 다녀야 했기 때문에 "남아수독오거서(男兒須讀五車書)"라고 말했다. 典(법 전)은 '법, 책, 경전'이라는 뜻인데 죽간을 양손으로 받드는 모습이다. 중요한 책이기 때문일 것이다. 책에 刂(칼 도, 刀)를 붙인 删(깎을 산)은 죽간을 깎아 글자를 고치는 행위이다. '깎다, 삭제하다'를 의미한다.

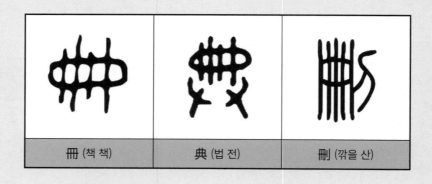

| 册 (책 책) | 典 (법 전) | 删 (깎을 산) |

한자의 특징과 발전

한자의 역사는 약 6,000년쯤 된다. 한자의 기원에 대해 몇 가지 학설이 있다. 먼저 결승(結繩)설이 있다. 짐승이나 곡식의 수를 표시하려고 새끼에 매듭을 만든 것이라는 설이다. 다음은 하도낙서설(河圖洛書說)이다. 황하, 낙수에서 나온 용마와 거북이의 문양을 보고 성인이 팔괘(八卦)를 만들었고 문자의 탄생으로 이어졌다는 설이다. 가장 대표적이고 신화적인 이야기는 창힐(倉頡)설이다. 창힐이라는 인물이 혼자 만들었다는 학설이다. 창힐은 눈이 네 개라고 한다. 새의 발자국을 보고 문자를 만들었으니 관찰력이 비범해 네 개의 눈을 가졌다고 생각했던 모양이다. 한대 유안의《회남자》에는 옛날 창힐이 문자를 만드니 "하늘이 곡식을 비로 내리고 귀신이 밤에 통곡했다(天雨粟, 鬼夜哭)"라는 기록이 있다. 문자로 속고 속이는 사람이 생겨날 것을 하늘이 안타깝게 여긴 것이라는 말이다. 문자의 탄생이 인간에게 이로움과 해로움을 동시에 줄 것이라고 생각했던 것 같다.

최초의 문자인 갑골문은 소의 넓적다리 뼈나 거북이 배딱지에 쓰여진 문자다. 은나라 왕실에서 전쟁이나 제사에 관한 일을 점치고 그 결과를 기록한 것이다. 하남성 안양시 작은 마을에서 우연히 발견되었는데 마을 사람들은 용골(龍骨)이라 불렀다. 골동품상과 한약방을 돌고 돌아 북경의 금석학자 왕의영의 손에 들어가면서 세상에 알려지게 되었다. 이후 은나라 왕실의 성벽과 집터가 발견되면서 은나라의 존재가 실증되었다.

금문(金文)은 은나라, 서주 시대의 문자다. 청동으로 솥, 검 등 기물을 만들면서 새긴 글자라 금문이라 부른다. 글자체로는 대체로 전서(篆書) 중에서도 대전에 속한다. 진시황제는 중국을 통일한 후 중앙 집권 통치를 위해 전국의 문자를 통일했다. 서주 시대의 대전을 기초로 만든 소전이다. 전서라는 명칭은 대체로 이 소전을 가리킨다.

한나라를 대표하는 문자는 예서(隷書)이다. 예는 노예를 뜻한다. 감옥에서 만들어졌다는 설도 있고 그만큼 대중적인 글자체라서 예서라 부른다는 설도 있다. 초서(草書)는 글자를 쓰는 과정에서 편의를 위해 간략하게 흘려 쓴 글자체이다. 해서(楷書)는 반듯하게 쓴 글자체로 우리가 정자라고 부르는 그 글자체다. 행서(行書)는 살짝 흘려 쓴 글자체로 초서와 해서의 중간 정도 흘려 쓴 자형이다. 초서, 해서, 행서는 어느 글자체가 먼저인지 명확하지 않다. 한자 발전의 마지막 단계는 현대 중국에서 사용되는 간체자(簡體字)이다. 중국 정부는 문맹 퇴치를 위해 1956년 2,238자를 간체자로 공식 지정하고 번체자(繁體字) 사용을 금지했다.

한자의 조자(造字) 원리를 육서(六書)라고 부른다. 상형, 지사, 회의, 형성, 가차, 전주의 6가지다. 상형문자는 형상을 본떠 만든 글자다. 예를 들면 人(인), 女(녀), 山(산) 등이다. 지사문자는 눈으로 볼 수 없는 추상적 개념이나 생각을 부호를 써서 표시한 글자다. 예를 들면 三(삼), 上(상), 天(천) 등이다. 회의문자는 이미 있는 문자의 뜻과 뜻을 결합하여 새로운 뜻을 나타내는 글자다. 예를 들면 好(호), 安(안), 休(휴) 등이다. 형성문자는 의미와 소리 부호의 조합으로 만들어진 글자다. 예를 들면 和(화), 忍(인), 江(강) 등이다. 가차문자는 모양이나 음이 비슷한 기존의 글자를 빌려 와 새로운 의미를 표현하는 글자다. 예를 들면 莫(막), 來(래) 등이다. 莫(말 막)은 원래 숲 속에 해가 들어간 모습으로 저녁을 의미했는데 금지를 의미하는 글자로 차용되었다. 깜깜하면 아무것도 할 수 없기 때문이다. (12과 갑골문과 중국문화 참조) 來(래)는 원래 보리를 가리키는 글자였는데 오다의 의미로 차용되었다. 후에 보리는 夊(치)를 추가하여 麥(맥)이라는 글자로 표현했다. 전주문자는 기존 글자의 의미가 확장되어 새로운 의미를 표현하는 글자다. 예를 들면 樂(음악 악, 즐거울 락, 좋아할 요), 惡(악 악, 미워할 오) 등이다. 회의문자와 형성문자는 상형문자와 지사문자를 결합시켜 재창조한 글자이고 가차문자와 전주문자는 명확하게 구분되지 않는 면이 있다. 현행한자의 90% 이상은 형성문자이다. 형성의 원리가 활용되면서 한자의 수가 폭발적으로 증가했다.

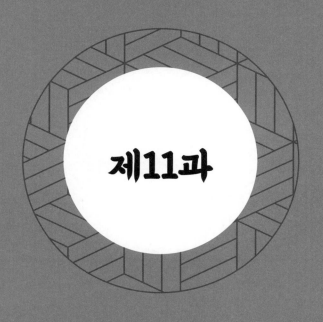

제11과

01

靑靑子衿[1], 悠悠我心[2].
청 청 자 금   유 유 아 심

縱我不往[3], 子寧不嗣音[4].
종 아 불 왕   자 녕 불 사 음

『詩經 · 鄭風 · 子衿』
시 경   정 풍   자 금

qīng qīng zǐ jīn, yōu yōu wǒ xīn.
zòng wǒ bù wǎng, zǐ nìng bú sì yīn.

어휘 설명

1) 子(자) : 아들, 자식, 그대 ▎衿(금) : 옷깃

2) 悠悠(유유) : 유유하다, 아득하다

3) 縱(종) : 설령, 가령 ▎往(왕) : 가다

4) 寧(녕) : 어찌 ▎嗣(사) : 잇다 ▎音(음) : 소식

(1) 縱(종) : (가설, 양보) '설령, 가령, 설사 ~하더라도'로 해석하며 寧(녕), 亦(역) 등과 호응한다.

且予縱不得大葬, 予死於道路乎(차여종부득대장, 여사어도로호) 또 내가 설령 성대한 장례를 치르지는 못하더라도 길에서 죽기는 하겠느냐?

(2) 寧(녕)

① (níng) 안녕하다

萬邦咸寧(만방함녕) 온 나라가 모두 안녕하다.

② (nìng) 차라리 ~ㄹ지라도

寧死不屈(영사불굴) 차라리 죽을지라도 굴복하지는 않겠다.

푸르고 푸른 그대 옷깃, 아득한 나의 마음이여. 나는 못 가더라도 그대는 어찌 소식이 없는가?

『시경』: 서주 초기부터 춘추 중기까지의 시 300여 편을 수록한 중국 최초의 시집. 민간에 구전되던 가요를 채집하여 대략 B.C. 6세기에 편집한 것으로 추정된다. 『시』, 『시삼백』이라고 부르다가 한대에 와서 유가 경전으로 추앙받으며 『시경』이라고 불렸다. 푸른 소매는 당시 학자들의 복장이다. 그래서 혹자는 학교가 폐지된 일을 쓴 시라고 보아 학교에 남은 스승이 떠나간 학생들을 원망하는 내용으로 해석했고, 또 혹자는 애정시로 보아 푸른 옷의 학인을 사랑한 여성의 이야기로 해석했다.

02

詩者, 志之所之也[1]. 在心爲志, 發言爲詩,
시 자　　지 지 소 지 야　　재 심 위 지　　발 언 위 시

情動於中而形於言[2].
정 동 어 중 이 형 어 언

「毛詩序」
모 시 서

shī zhě, zhì zhī suǒ zhī yě. zài xīn wéi zhì, fā yán wéi shī,
qíng dòng yú zhōng ér xíng yú yán.

어휘 설명

1) 者(자) : ~하는 것 | 志(지) : 뜻, 생각
2) 動(동) : 움직이다, 감동하다 | 形(형) : 형상, 형상을 갖추다

어법 설명

所(소) : ~하는 바. 뒤에 있는 동사와 결합하여 所願(소원), 所得(소득)처럼 명사구를 만든다.
　　① 所+동사의 형태 : ~하는 바. 구를 명사화시키는 역할을 한다.
　　　　貧與賤, 是人之所惡也(빈여천, 시인지소오야) 가난과 천함, 이는 사람들이 싫어하는 바이다.

② 곳, 장소

此何所也(차하소야) 여기는 어느 곳인가?

시는 뜻이 가는 바이다. 마음에 있으면 뜻이 되고 말로 드러나면 시가 되니 감정이 마음속에서 움직이고 말에서 형체가 된 것이다.

「모시서」: 한대에 제(齊), 노(魯), 한(韓), 모(毛)라는 4대 『시경』 주석서가 있었는데 그중 가장 권위 있는 문헌이다. 『시경』에 대한 해설이기는 하지만 시를 문학의 입장보다는 윤리, 도덕의 준칙이 되는 경전으로 받드는 성격이 강하다. 작품마다 짧은 해설(小序)이 있고 서두에 전체를 총괄하는 긴 해설(大序)이 있는데 본문의 내용은 대서에 수록된 글이다. 시언지(詩言志)의 전통을 계승하여 시는 시인의 내면을 표현하는 것이라는 관념을 제시하고 있는데 이런 관념은 동양 시학의 전통이 되었다.

03

笑笑白兔[1], 東走西顧[2].
경 경 백 토　　동 주 서 고

衣不如新, 人不如故[3].
의 불 여 신　　인 불 여 고

『漢樂府 · 古艶歌』
한 악 부　　고 염 가

qióng qióng bái tù, dōng zǒu xī gù.
yī bù rú xīn, rén bù rú gù.

어휘 설명

1) **笑笑**(경) : 외로운 모양 **| 兔**(토) : 토끼
2) **顧**(고) : 돌아보다
3) **故**(고) : 옛것, 옛사람

어법 설명

不如(불여) : 여기서 如(여)는 '~와 같다'의 용법으로 A 不如 B 의 구문은 'A는 B만 못하다, A보다는 B가 낫다'의 의미를 표현한다.

知之者不如好之者(지지자불여호지자) 아는 것은 좋아하는 것만 못하다.

우리말 해석

외로운 흰 토끼 동쪽으로 달리면서 서쪽을 돌아보네. 옷은 새 옷이 좋고 사람은 옛사람이 좋다네.

해 설

『한악부』: 한대에는 민심을 살피기 위해 악부(樂府)라는 관청을 설립하여 민간의 가요를 채집했다. 후에 이렇게 채집된 가요를 악부라고 불렀다. 『예문유취(藝文類聚)』에는 후한의 두현(竇玄)이 황제의 부마가 되어 아내를 내치자 버림받은 아내가 이 시를 지었다고 한다. 「고원가(古怨歌)」라는 제목으로도 불리며 1, 2구의 토끼는 외로운 자신의 처지에 대한 비유이다.

04

白樂天每作詩¹⁾, 問曰解否²⁾? 嫗曰解則錄之³⁾, 不解則易之.
백 락 천 매 작 시   문 왈 해 부   구 왈 해 즉 록 지   불 해 즉 역 지

『冷齋夜話』
냉 재 야 화

bái lè tiān měi zuò shī, wèn yuē jiě fǒu? yù yuē jiě zé lù zhī, bù jiě zé yì zhī.

어휘 설명

1) 白樂天(백락천): 중당 시인 백거이(白居易, 772~846)를 말한다. | 每(매): 매번 |
   作(작): 만들다, 짓다
2) 解(해): 이해하다
3) 嫗(구): 노파, 할머니 | 錄(록): 적다, 쓰다

어법 설명

(1) 否(부): 문미에 쓰여 ~인지 아닌지를 묻는 형식의 의문문을 만든다.
   廉頗老矣, 尙能飯否(염파노의 상능반부) 염파 장군은 늙었는데 아직 식사를 잘하시는가?

(2) 易

   ① (이) 쉽다

      少年易老學難成(소년이로학난성) 소년은 늙기 쉽고 배움은 이루기 어렵다.

   ② (역) 바꾸다

      以大易小(이대역소) 큰 것으로 작은 것을 바꾸다.

우리말 해석

백락천은 매번 시를 지을 때마다 이해하는지 물어보았다. 할머니가 이해한다고 말하면 그것을 적었고 이해하지 못하면 고쳤다.

해 설

『냉재야화』: 북송의 승려 혜홍(惠洪, 1071~1128)이 쓴 시론 저작. 백거이는 중당 시기 신악부 운동을 주도한 시인으로, 누구나 알 수 있게 쉬운 글자와 표현으로 시를 지어야 한다고 주장했다. 본문의 내용은 그가 시를 쓸 때마다 옆집 할머니에게 이해가 되는지 물어보았다는 일화인데 이를 노구능해(老嫗能解)라고 한다.

01   重陽登高(중양등고)[1]

汝南桓景隨費長房遊學累年[2]. 長房謂曰, "九月九日,
여 남 환 경 수 비 장 방 유 학 누 년   장 방 위 왈   구 월 구 일

汝家中當有災[3]. 宜急去[4], 令家人各作絳囊[5], 盛茱萸[6],
여 가 중 당 유 재   의 급 거   영 가 인 각 작 강 낭   성 수 유

以繫臂[7], 登高飲菊花酒, 此禍可除[8]."
이 계 비   등 고 음 국 화 주   차 화 가 제

景如言, 齊家登山[9], 夕還, 見雞犬牛羊一時暴死[10].
경 여 언   제 가 등 산   석 환   견 계 견 우 양 일 시 폭 사

『續齊諧記』
속 제 해 기

rǔ nán huán jǐng suí fèi zhǎng fáng yóu xué léi nián. zhǎng fáng wèi yuē, "jiǔ yuè jiǔ rì,
rǔ jiā zhōng dāng yǒu zāi. yí jí qù, lìng jiā rén gè zuò jiàng náng, shèng zhū yù,
yǐ xì bì, dēng gāo yǐn jú huā jiǔ, cǐ huò kě chú."
jǐng rú yán, qí jiā dēng shān. xī huán, jiàn jī quǎn niú yáng yī shí bào sǐ.

1) 重陽(중양) : 중양절. 음양(陰陽)론에서는 홀수가 양이기 때문에 홀수 중 가장 큰 수인 9가 중복되는 9월 9일을 중양절이라 한다.

2) 汝南(여남) : 지명. 지금의 하남(河南)성 주마점(駐馬店)시에 있다 | 桓景(환경) : 인명 | 隨(수) : 따르다 | 費長房(비장방) : 동한 시기의 방사(方士). 의술에 뛰어나고 귀신을 쫓는 능력이 있다고 한다. | 累年(누년) : 여러 해

3) 汝(여) : (2인칭 대명사) 너, 그대, 자네 | 當(당) : 응당 ~이다. | 災(재) : 재앙, 재난, 재액

4) 宜(의) : 마땅하다. 마땅히 ~해야 한다

5) 絳囊(강낭) : 진홍색 주머니

6) 盛(성) : 그릇, 담다, 성하다 | 茱萸(수유) : 산수유. 꽃은 노란색이며 열매는 붉은 타원형으로 속에 단단한 씨가 있다. 약재로 쓴다.

7) 繫(계) : 매다, 묶다 | 臂(비) : 팔

8) 禍(화) : 화, 재앙 | 除(제) : 없어지다, 제거하다

9) 齊家(제가) : 온 집안

10) 一時(일시) : 일시에, 한꺼번에 | 暴死(폭사) : 갑자기 비참하고 끔찍하게 죽음

(1) 重(중)

① (zhòng) 무게, 무겁다

任重而道遠 (임중이도원) 임무는 무겁고 길은 멀다.

② (chóng) 거듭하다, 중복되다

輕舟已過萬重山(경주이과만중산) 가벼운 배는 이미 만 겹의 산을 지났다.

(2) 슈(령)

    ① (사역) ~에게 ~시키다. '슈+대상+행위'의 어순으로 구성된다. 비슷한 용법으로 使(하여금 사), 敎(하여금 교)가 있다.

        슈賊知也(영적지야) 도적에게 알게 하다.

    ② 명령

        其身正, 不슈而行(기신정 불령이행) 그 자신이 바르면 명령하지 않아도 행해진다.

우리말 해석

여남 사람 환경은 비장방을 따라 외유하며 여러 해 동안 학문을 배웠다. 비장방이 말했다. "9월 9일, 너의 집에 틀림없이 재앙이 있을 것이다. 급히 돌아가서 식구들에게 붉은 주머니를 만들어 수유를 채우고 팔에 매어 높은 곳에 올라가 국화주를 마시게 하면 이 화가 없어질 것이다." 환경이 그 말대로 하여 온 집안 식구들이 산에 올라갔다. 저녁이 되어 돌아와 보니 닭, 개, 소, 양이 한꺼번에 폭사했다.

해 설

『속제해기』: 위진 남북조 시대 남조 양(梁)나라의 오균(吳均 : 469~520)이 편찬한 지괴소설집으로 유송(劉宋) 시기 『제해기』의 속집으로 알려졌다. 제목은 『장자(莊子)』의 "제해는 괴이한 일을 기록한 것이다(齊諧者, 志怪者也)"라는 말에서 왔다. 두 권 모두 민간 풍속과 전설의 유래, 귀신과 요괴 등 괴이하고 불가사의한 내용이 주류이다.

02 吳三桂(오삼계)

三桂奉詔入援[1], 至山海關[2], 京師陷[3], 猶豫不進[4].
삼 계 봉 조 입 원　　　지 산 해 관　　　경 사 함　　유 예 부 진

自成劫其父襄[5], 作書招之[6], 三桂欲降[7], 至灤州[8],
자 성 겁 기 부 양　　　작 서 초 지　　삼 계 욕 항　　지 난 주

聞愛姬陳沅被劉宗敏掠去[9], 憤甚[10], 疾歸山海, 襲破賊將[11].
문 애 희 진 원 피 유 종 민 략 거　　　분 심　　　질 귀 산 해　　습 파 적 장

自成怒, 親部賊十余萬[12], 執吳襄於軍, 東攻山海關.
자 성 노　친 부 적 십 여 만　　　집 오 양 어 군　　동 공 산 해 관

『明史 · 流賊』
명 사　　유 적

sān guì fèng zhào rù yuán, zhì shān hǎi guān, jīng shī xiàn, yóu yù bú jìn.
zì chéng jié qí fù xiāng, zuò shū zhāo zhī, sān guì yù xiàng, zhì luán zhōu,
wén ài jī chén yuán bèi liú zōng mǐn lüè qù, fèn shèn, jí guī shān hǎi, xí pò zéi jiàng.
zì chéng nù, qīn bù zéi shí yú wàn, zhí wú xiāng yú jūn, dōng gōng shān hǎi guān.

어휘 설명

1) 三桂(삼계): 명나라 요동총병 오삼계. 산해관에서 청을 방어하다가 명이 망하자 청에 투항하
여 청의 북경 입성을 도왔다. 후에 반청 봉기를 앞장서 진압해 청나라의 일등 건국 공신이 되었

고 공로를 인정받아 운남, 귀주 일대의 변왕이 되었다. | 奉詔(봉조) : 조서를 받들다. 詔(조) 는 황제의 명령이 담긴 글을 말한다. | 援(원) : 돕다, 지원하다

2) 至(지) : 이르다 | 山海關(산해관) : 만리장성의 동쪽 끝에 있는 관소로 지금 하북(河北)성 진 황도(秦皇島)시에 있다. 산세가 험준하여 서진을 노리는 청(淸)에게는 큰 장애 요소였다.

3) 京師(경사) : 도읍, 수도 | 陷(함) : 함락되다

4) 猶豫(유예) : 망설이다

5) 自成(자성) : 인명. 1644년 섬서에서 왕조를 세우고 북경을 멸망시킨 이자성 |
劫(겁) : 위협하다 | 襄(양) : 인명. 오삼계의 부친 오양

6) 書(서) : 편지 | 招(초) : 부르다

7) 降(항) : 항복하다, 투항하다

8) 灤州(난주) : 지명. 지금의 하북 당산(唐山)시

9) 陳沅(진원) : 오삼계의 애첩 진원원(陳圓圓). 소주 출신의 기녀였는데 오삼계 부친의 집에 잠 시 머무는 동안 이자성의 부하에게 납치되었다. | 劉宗敏(유종민) : 인명. 이자성의 부하 |
掠(략) : 노략질하다

10) 憤甚(분심) : 심히 분노하다

11) 襲破(습파) : 습격하여 부수다 | 賊將(적장) : 도적의 장수

12) 親(친) : 친히 | 部(부) : 거느리다

어법 설명

(1) 被(피) : 피동 구문을 만들며 '~를 받다'의 의미를 표현한다. 어순은 '주어+被+대상+술어'이 다. 같은 용법으로 見(견)도 있다.
信而見疑, 忠而被謗(신이견의 충이피방) 신의를 지켰으나 의심을 받았고, 충성했으나 비 방을 받았다.

(2) 疾(질)

　① 병, 질병

　　武子疾, 命顆曰(무자질 명과왈) 무자가 병이 들자 아들 과에게 명했다.

　② 급히, 빨리

　　疾則苦而不入(질즉고이불입) 너무 빨리 돌리면 빡빡해서 들어가지 않습니다.

오삼계는 조서를 받들어 지원하러 들어가다가 산해관에 이르러 경사가 함락되자 망설이며 나아가지 못했다. 이자성은 그의 부친 오양을 협박하여 편지를 적어 그를 불렀다. 오삼계는 투항하려고 난주에 이르렀는데 애첩 진원이 유종민에게 납치되어 갔다는 소식을 듣고 심히 분노하여 급히 산해관으로 돌아가 적장을 습격하고 격파했다. 이자성이 노하여 친히 도적 떼 십여 만을 인솔하고 오양을 군중에 인질로 잡은 후 동쪽으로 산해관을 공격했다.

명청 교체기의 사건이다. 서안에서 난을 일으킨 이자성(李自成)이 북경을 함락하고 명나라를 멸망시켰다. 이때 산해관에서 청을 방어하던 장수 오삼계(吳三桂)는 지원 요청을 받고 북경으로 오다가 황제 숭정제의 사망 소식을 듣고 다시 산해관으로 들어갔다. 그는 이자성에게 투항하려고 결심했다가 자신의 애첩 진원원(陳圓圓)이 이자성의 부하에게 납치되었다는 소식을 들었다. 분노한 오삼계는 청과 손을 잡고 이자성의 부대와 싸웠다. 덕분에 청은 산해관을 거쳐 손쉽게 북경을 점령했고 새로운 왕조를 세웠다.

제3절 한시 감상

「行宮(행궁)」

元積
원 진

寥落古行宮[1], 宮花寂寞紅[2].
요 락 고 행 궁　　궁 화 적 막 홍

白頭宮女在, 閒坐說玄宗[3].
백 두 궁 녀 재　　한 좌 설 현 종

liáo luò gǔ xíng gōng, gōng huā jì mò hóng.
bái tóu gōng nǔ zài, xián zuò shuō xuán zōng.

어휘 설명

1) 寥落(요락): 쇠락하다, 적막하다 | 行宮(행궁): 고대 군주가 외부에 나갔을 때 거주하는 궁궐

2) 寂寞(적막): 적막하다

3) 閒(한): 한가롭다 | 玄宗(현종): 당나라 때 가장 재위 기간이 길었던 황제. 양귀비와의 애정 고사로 유명하다. 집권 초기 개원성세(開元盛世)를 이끌기도 했지만 후반부에 안사의 난이 발생하자 수도를 버리고 피난을 갔다.

행궁

쇠락한 옛 행궁, 궁에는 꽃들만 적막하게 붉게 피었네.
흰머리의 궁녀 한가로이 앉아, 현종의 일을 이야기하네.

「행궁」 원진(779~831) : 중당 시인으로 백거이와 함께 신악부 운동을 주도했으며 원백(元白)이라
는 호칭이 있다. 문학적으로 다방면에 재능이 뛰어나 아내를 잃고 쓴 도망시(悼亡詩)가 유명하며
자전적 소설 「앵앵전(鶯鶯傳)」은 후에 희곡 「서상기(西廂記)」의 저본이 되었다. 당대의 명기이자 여
류시인 설도(薛濤)와의 염문도 널리 알려졌다.

7년 동안 이어진 안사의 난은 당나라의 쇠락이 시작되는 사건이다. 현종은 그때의 황제였다. 시인
은 태평성대였던 지난날을 회상하며 역사의 흥망성쇠를 한탄하고 있다. 제2구의 적막이라는 시어
가 전체적인 분위기를 대표한다.

家(집 가)와 관련된 글자

家(집 가)는 宀(집 면)과 豕(돼지 시)의 결합이다. 아마도 이 글자는 위층에 가족들이 거주하고 아래층이나 지하에 땅을 파 돼지를 키우던 고대 가옥 구조에서 왔을 것이다. 우리나라에서는 제주도에서 이런 방식으로 돼지를 사육했었고 지금도 중국의 외딴 지역에는 이런 형태의 가옥이 있다. 宀(면)이 들어가는 글자는 대부분 집과 관련이 있다. 宮(집 궁)은 '궁궐'을 뜻한다. 집에 창문이 있는 모습이니 家(가)보다는 고급이다. 安(편안할 안)은 여성이 집에 앉아 있는 모습이다. 집에서 편안히 가사를 돌볼 수 있으니 사회에 전쟁이나 변고가 없음을 알 수 있다. 그래서 '안녕, 안전, 안정' 등을 뜻한다. 女(여) 대신 子(자)를 넣으면 字(글자 자)이다. 자식이 집에 있다는 것은 혈통의 번식을 의미한다. 한자는 계속 증식되고 파생되는 속성이 있기 때문에 글자라는 한자를 만들 때 집에 자식을 넣은 모양을 생각했던 것 같다.

家 (집 가)	宮 (집 궁)	安 (편안할 안)	字 (글자 자)

홍문연

진시황이 죽은 후, 천하의 패권을 놓고 유방과 항우가 대결했다. 먼저 관중을 점령하는 자가 관중을 갖는다는 초 회왕의 선언이 있었다. 관중은 진시황의 권력과 위상을 상징하는 곳이기 때문에 이곳을 선점하기 위한 경쟁이 벌어졌다. 먼저 도착한 것은 유방이었다. 유방은 10만의 군사로 패상에 주둔했고 얼마 후 항우의 40만 대군이 홍문에 도착했다. 약속에 따라 유방이 황제가 되는 것일까? 아니다. 군사력의 차이가 컸기 때문에 약속은 의미가 없었다. 위기를 느낀 유방은 살아남기 위해 한껏 자신을 낮췄다. 항우에게 관중을 바치기 위해 미리 와서 잘 관리하고 있었다고, 함곡관에 군사를 배치한 것은 도적의 출입과 비상사태를 막기 위한 것이었다고 호소했다.

유방의 참모 장량과 항우의 숙부 항백은 친분이 있는 사이였다. 항백의 중재로 유방은 항우와 만나기로 했다. 장소는 항우의 진영인 홍문(鴻門). 유방의 입장에서는 호랑이 굴에 들어가는 셈이고 항우의 입장에서는 유방을 제거할 수 있는 절호의 기회였다. 사마천의 「항우본기」는 그들의 좌석 배치를 상세하게 설명했다. 항우의 아부(亞父) 범증이 북쪽에, 항우가 그 오른쪽 자리에 앉았다. 또 유방이 남쪽에, 장량이 그 오른쪽 자리에 앉았다. 고대에는 군주가 남면(南面)하고 신하가 북면(北面)했다. 이날의 연회는 서로의 관계를 명확히 정립하는 자리였다.

범증은 유방을 죽여야 한다고 건의했지만 항우가 미적거리며 타이밍을 놓쳤다. 조급해진 범증이 항장에게 검무를 추다가 유방을 찌르라고 했다. 분위기가 살벌해지자 항백이 일어나 함께 검무를 추며 막아주었고 장량은 연회장을 나가 번쾌를 불렀다. "항장의 검무는 의도가 패공에게 있다(項莊舞劍, 意在沛公)"라는 말이 여기서 나왔다. 패공은 유방을 말한다. 2016년 사드 배치로 한중 관계가 경색되었을 때 중국의 왕이 외교부장이 인용해 한국에서도 유명해진 말이다. 번쾌가 거칠게 호위병을 밀치고 연회장으로 들어와 항우를 노려봤다. 홍문연 사건의 하이라이트다. 번쾌는 유방의 동서이자 백정 출신의 거칠고 사나운 터프가이다. 항우는 자신과 비슷한 캐릭터의 상남자를 만나자 평정심을 잃었다.

> 항우는 번쾌에게 "장사로다"라고 하며 술을 내렸다. 번쾌가 방패 위에 돼지 넓적다리를 올려놓고 생으로 잘라 먹었다. 항우는 또 "장사로다"라고 하며 술을 더 마실 수 있는지 물었다. 번쾌는 "신은 죽음도 마다하지 않는데 어찌 술 한 잔을 사양하겠습니까!"라고 대답했다.

터프가이끼리의 기싸움에서 항우가 밀렸다. 성질과 기세로는 누구에게도 진 적이 없었지만 이번에는 너무 강력한 상대를 만났다. 번쾌는 왜 우리 주군을 죽이려 하느냐고 따졌고 항우는 대답하지 못했다. 유방은 어수선한 틈에 자리를 피해 목숨을 건졌다.

훗날 유방은 다시 세력을 정비하여 항우를 공격했고 결국 최후의 승리자가 되어 한나라를 세웠다.

제12과

제1절 단문 읽기

01

士爲知己者死¹⁾, 女爲悅己者容²⁾.

사 위 지 기 자 사　　여 위 열 기 자 용

『戰國策 · 趙策』
전 국 책 　 조 책

shì wèi zhī jǐ zhě sǐ, nǚ wèi yuè jǐ zhě róng.

어휘 설명

1) 知己者(지기자) : 자기를 알아주는 사람

2) 悅己者(열기자) : ① 자기를 기쁘게 하는 사람. ② 자기를 보고 기뻐하는 사람
　　容(용) : 꾸미다, 화장하다, 단장하다

爲(위)

① (wéi) 하다, 되다, 만들다, ~이다

兄弟爲手足(형제위수족) 형제는 손과 발이다.

② (wèi) 위하다

庖丁爲文惠君解牛(포정위문혜군해우) 포정이 문혜군을 위해 소를 잡았다.

우리말 해석

선비는 자기를 알아주는 사람을 위해 죽고, 여인은 자기를 어여뻐하는 사람을 위해 단장한다.

해 설

『전국책』: 전국 시대의 종횡가(縱橫家)가 제후에게 유세한 책략을 나라별로 모은 책. 원저자는 알 수 없고 전한 말에 유향(劉向)이 모두 33편으로 편집하여 『전국책』으로 명명했다. 전국 시대 라는 역사 용어도 여기서 유래한다. 춘추 시대 진(晉)나라에는 여러 가신 세력이 있었는데 그중 지백이 가장 강력했다. 후에 조양자, 한강자, 위선자가 연합하여 지백을 공격하고 진나라를 조(趙), 한(韓), 위(魏)의 셋으로 나누어 가졌다. 이를 삼가분진(三家分晉)이라고 한다. 이 사건을 보통 춘추와 전국을 나누는 기준으로 본다. 본문의 내용은 지백의 가신이었던 예양이 지백의 원수 조 양자를 암살하고자 일생을 바쳤던 일화에서 나온 말이다. 예양은 「자객열전(刺客列傳)」의 세 번 째 자객이다.

02

江海大魚薄集龍門下數千¹⁾, 不得上²⁾, 上則爲龍也.
강 해 대 어 박 집 룡 문 하 수 천　　부 득 상　　상 즉 위 룡 야

『三秦記』
삼 진 기

jiāng hǎi dà yú bó jí lóng mén xià shǔ qiān, bù dé shàng, shàng zé wéi lóng yě.

어휘 설명

1) 江海(강해) : 강과 바다 | 薄集(박집) : 모여들다 | 龍門(용문) : 지금의 산서성(山西省) 하진 (河津)시 서북쪽에 위치하며 황하의 급류가 흐른다.
2) 上(상) : 위, 오르다

어법 설명

上(상)

① 위

雪上加霜(설상가상) 눈 위에 서리가 내리다

② 오르다

取水上堂(취수상당) 물을 길어 마루에 오르다.

강과 바다의 큰 물고기들이 용문 아래에 수천 마리 모여들지만 오르지 못한다. 그러나 오르면 용이 된다.

『삼진기』: 한나라 때 진(秦) 지역의 지리, 풍습 등을 기록한 지방지. 저자는 신씨(辛氏)라고 하며 이름은 알려지지 않았다. 후한 때 이응(李膺)은 명망이 높은 인물이었는데 청년들이 그와 만나는 일을 자랑스럽게 생각하며 등용문이라 말했다고 한다. 이후로 등용문은 입신출세를 가리키는 성어가 되었다.

03

山不在高[1], 有仙則名[2]. 水不在深[3], 有龍則靈[4].
산 부 재 고　　유 선 즉 명　　수 부 재 심　　유 룡 즉 령

「陋室銘」
누 실 명

shān bú zài gāo, yǒu xiān zé míng. shuǐ bú zài shēn, yǒu lóng zé líng.

어휘 설명

1) 在(재) : ~에 있다, ~에 달려 있다
2) 仙(선) : 신선 | 名(명) : 유명해지다
3) 水(수) : 물. 강, 연못, 호수 등을 포함한다.
4) 靈(령) : 신령해지다

어법 설명

在(재)

　① (존재) ~에 있다

　　直在其中(직재기중) 정직은 그 가운데에 있다.

　② (요점) ~에 달려 있다

　　事在人爲(사재인위) 일의 성공은 사람의 노력에 달려 있다.

산의 진가는 높음에 있지 아니하니 신선이 살면 유명해진다. 물의 진가는 깊음에 있지 아니하니 용이 살면 영험해진다.

해 설

「누실명」: 중당 문인 유우석(劉禹錫, 772~842)이 정치 개혁에 참여했다가 외지로 좌천되었는데 임지의 지방관이 그를 홀대하여 관사를 몇 번이나 옮기면서 누추한 관사를 주자 쓴 글이다. 명(銘)은 금석(金石), 기물(器物), 비석 등에 교훈이 되는 내용을 적어 스스로를 훈계하는 문체이다. 유우석은 이 글을 붙여놓고 스스로 위로하고 분발했다고 한다.

04

泰山不讓土壤¹⁾, 故能成其大²⁾.
태 산 불 양 토 양　　고 능 성 기 대

河海不擇細流³⁾, 故能就其深⁴⁾.
하 해 불 택 세 류　　고 능 취 기 심

「諫逐客書」
간 축 객 서

tài shān bú ràng tǔ rǎng, gù néng chéng qí dà.
hé hǎi bù zé xì liú, gù néng jiù qí shēn.

어휘 설명

1) 讓(양) : 사양하다, 양보하다 | 土壤(토양) : 흙. 한 줌의 흙덩이를 가리킨다.

2) 成(성) : 완성하다, 이루다

3) 擇(택) : 가리다, 고르다 | 細流(세류) : 가늘게 흐르는 물줄기

4) 就(취) : 완성하다, 이루다

어법 설명

其(기) : (대명사) 그, 그것

　　先必利其器(선필리기기) 반드시 그 연장을 예리하게 갈아놓아야 한다.

태산은 한 줌의 흙을 사양하지 않아 그 거대함을 이룰 수 있었다. 황하와 바다는 작은 물줄기를 가리지 않아 그 깊음을 이룰 수 있었다.

해 설

「간축객서」: 전국 시대 말기에 이사(李斯, ?~B.C. 208)가 진왕에게 축객령(逐客令) 철회를 간언한 상소문. 이사는 초나라 출신으로 진왕의 인정을 받아 법가 사상을 바탕으로 통치 시스템을 구축했다. 진나라 토호 귀족들이 이사를 축출하려고 이민자 출신을 추방해야 한다고 건의하자 진왕이 받아들였다. 그래서 이사는 위기감을 느껴 「간축객서」를 올렸고 진왕은 축객령을 철회했다. 출신 지역을 따지지 말고 오로지 능력에 따라 인재를 등용해야 대업을 이룰 수 있다는 것이 이글의 요지이다.

01　昭君出塞(소군출새)

漢元帝宮人旣多¹⁾, 乃令畫工圖之²⁾, 欲有呼者, 輒披圖召之³⁾.
한 원 제 궁 인 기 다　내 령 화 공 도 지　욕 유 호 자　첩 피 도 소 지

其中常者, 皆行貨賂⁴⁾. 王明君姿容甚麗⁵⁾, 志不苟求⁶⁾,
기 중 상 자　개 행 화 뢰　왕 명 군 자 용 심 려　지 불 구 구

工遂毁爲其狀⁷⁾. 後匈奴來和⁸⁾, 求美女於漢帝, 帝以明君充行⁹⁾.
공 수 훼 위 기 상　후 흉 노 래 화　구 미 녀 어 한 제　제 이 명 군 충 행

旣召, 見而惜之¹⁰⁾, 但名字已去, 不欲中改, 於是遂行.
기 소　견 이 석 지　단 명 자 이 거　불 욕 중 개　어 시 수 행

『世說新語·賢媛』
세 설 신 어　현 원

hàn yuán dì gōng rén jì duō, nǎi lìng huà gōng tú zhī, yù yǒu hū zhě, zhé pī tú zhào zhī.
qí zhōng cháng zhě, jiē xíng huò lù. wáng míng jūn zī róng shèn lì, zhì bù gǒu qiú,
gōng suì huǐ wéi qí zhuàng. hòu xiōng nú lái hé, qiú měi nǚ yú hàn dì, dì yǐ míng jūn
chōng xíng.
jì zhào, jiàn ér xī zhī, dàn míng zì yǐ qù, bù yù zhōng gǎi, yú shì suì xíng.

1) 旣(기) : 이미

2) 圖(도) : 그림, 그림을 그리다

3) 輒(첩) : 문득, 곧 | 披(피) : 열다 | 召(소) : 부르다

4) 常(상) : 평상, 보통 | 貨賂(화뢰) : 뇌물

5) 王明君(왕명군) : 인명. 원명은 왕소군(王昭君)이나 서진 시기 문제 사마소(司馬昭)에 피휘
   (避諱)를 위해 왕명군이라고 칭했다. | 姿容甚麗(자용심려) : 자태와 용모가 심히 아름답다.

6) 苟求(구구) : 구차하게 구하다

7) 毁(훼) : 헐다, 훼손하다, 비방하다 | 狀(상) : 형상, 용모

8) 匈奴(흉노) : 흉노. 한나라 때 서북 지역의 이민족

9) 充(충) : 충당하다

10) 惜(석) : 아끼다, 아까워하다

令(령)

　① 명령, 명령하다

　　挾天子以令諸侯(협천자이령제후) 천자를 끼고 제후들에게 명령하다.

　② (사역) ~에게 ~하게 하다

　　文帝嘗令東阿王七步中作詩(문제상령동아왕칠보중작시) 문제가 일찍이 동아왕에게 일곱
　　걸음 중에 시를 짓게 했었다.

소군출새

한 원제는 궁녀가 많았기 때문에 화공에게 그들의 초상을 그리게 했다. 부르고 싶은 궁녀가 있으면 곧 그 초상화를 펼쳐 보고 불렀다. 궁녀 중에 외모가 평범한 이들은 모두 뇌물을 썼지만 왕소군은 자태와 용모가 심히 아름답고 구차하게 부탁할 마음도 없었다. 화공이 결국 그의 형상을 흉하게 그렸다. 후에 흉노가 화친을 맺고자 와 한 원제에게 미녀를 요구하니 원제는 왕소군을 보내기로 했다. 부르고 보니 아까웠지만 명단이 이미 넘어가 도중에 바꾸고 싶지 않아 결국 가게 되었다.

왕소군은 중국 4대 미녀 중 한 명으로 낙안(落雁)의 일화가 유명하다. 화친 정책을 위해 흉노의 선우에게 시집가 양국의 문화 교류와 친선에 기여했으며 내몽고자치구 호화호특(呼和浩特)에 무덤이 있다. 왕소군의 이야기는 후대에 끊임없이 유전되어 이백, 두보, 동방규 등이 이를 시로 읊었으며 「한궁추(漢宮秋)」, 「소군출새(昭君出塞)」 등 희곡 명작의 소재가 되기도 했다.

02　覇王別姬(패왕별희)

項王乃悲歌慷慨[1], 自爲詩曰, "力拔山兮氣蓋世[2],
항 왕 내 비 가 강 개　　자 위 시 왈　　역 발 산 혜 기 개 세

時不利兮騅不逝[3]. 騅不逝兮可奈何, 虞兮虞兮奈若何[4]!"
시 불 리 혜 추 불 서　　추 불 서 혜 가 내 하　　우 혜 우 혜 내 약 하

歌數関[5], 美人和之[6]. 項王泣數行下[7], 左右皆泣[8], 莫能仰視[9].
가 수 결　　미 인 화 지　　항 왕 읍 수 행 하　　좌 우 개 읍　　막 능 앙 시

『史記·項羽本紀』
사 기　　항 우 본 기

xiàng wáng nǎi bēi gē kāng kǎi, zì wéi shī yuē, "lì bá shān xī qì gài shì,
shí bú lì xī zhuī bú shì. zhuī bú shì xī kě nài hé, yú xī yú xī nài ruò hé!"
gē shǔ què, měi rén hé zhī. xiàng wáng qì shǔ xíng xià, zuǒ yòu jiē qì, mò néng yǎng shì.

어휘 설명

1) 項王(항왕) : 진(秦)나라 말기 초나라 출신의 명장. 이름은 적(籍)이며 우(羽)는 자이다. 한고
조 유방(劉邦)과 천하를 다투었으나 해하(垓下)에서 결전을 벌이고 죽었다. |
慷慨(강개) : (감정이) 복받치고 슬프다

2) 力拔山(역발산) : 힘이 산을 뽑다. | 兮(혜) : 초사(楚辭, 문학 장르의 일종)를 지을 때 추임새로
들어가는 말로 뜻은 없다. | 氣蓋世(기개세) : 기세가 세상을 덮다.

3) 雖(추) : 항우가 전쟁터에서 타던 명마. 오추마(烏雖馬)라고도 한다. | 逝(서) : 가다

4) 虞(우희) : 항우가 총애한 것으로 알려진 애첩

5) 闋(결) : 노래의 한 단락을 세는 단위로 절(節)과 비슷한 개념이다.

6) 和(화) : 화답하다

7) 泣(읍) : 울다 | 數行(수행) : 여러 줄

8) 左右(좌우) : 좌우에서 수행하는 사람들

9) 莫(막) : 없다 | 仰視(앙시) : 위로 올려다보다

어법 설명

(1) 奈何(어찌 내, 어찌 하)

　① (의문사) 어찌. 주로 어쩔 수 없는 상황이나 행동을 의미한다.

　　然則奈何(연즉내하) 그러면 어떻게 해야 하는가?

　② 목적어가 있을 때, 목적어는 주로 奈와 何의 사이에 위치한다.

　　將奈之何(장내지하) 장차 이를 어찌할 것인가?

(2) 若(같을 약)

　① ~와 같다

　　上善若水(상선약수) 최고의 선은 물과 같다.

　② 만약

　　若人死有鬼(약인사유귀) 만약 사람이 죽어 귀신이 생긴다면

　③ (2인칭) 너, 그대

　　若言離更合(약언이갱합) 그대는 헤어진 후에 다시 합치자고 말한다.

우리말 해석

패왕별희

항왕이 이에 슬프게 노래 부르며 비통에 빠졌다. 스스로 시를 지어 말하길, "힘은 산을 뽑고 기세는 세상을 덮건만 시운이 불리하니 말이 나아가지 않는구나. 말이 나아가지 않으니 너를 어떻게 할까. 우여, 우여, 너를 어떻게 할까!" 몇 마디를 부르자 미인이 이에 화답했다. 항왕이 몇 줄기 눈물을 떨구자 좌우에 있던 사람들이 모두 울며 감히 올려다보는 이가 없었다.

해 설

항우가 사면초가(四面楚歌)의 상황에서 패배를 직감하고 애첩 우희(虞姬)와 이별하는 내용이다. 이 장면을 패왕별희(覇王別姬)라고 하는데 패왕 항우가 우희와 이별한다는 의미이다. 패왕별희는 경극(京劇)의 유명한 레퍼토리이기도 하다.

「登樂遊原[1](등낙유원)」

李商隱
이 상 은

向晚意不適[2], 驅車登古原[3].
향 만 의 부 적　구 거 등 고 원

夕陽無限好, 只是近黃昏[4].
석 양 무 한 호　지 시 근 황 혼

xiàng wǎn yì bú shì, qū chē dēng gǔ yuán.
xī yáng wú xiàn hǎo, zhǐ shì jìn huáng hūn.

어휘 설명

1) 樂遊原(낙유원) : 장안성 남쪽에 있는 높은 언덕

2) 向晚(향만) : 저녁, 저물녘 | 意(의) : 뜻, 마음 | 適(적) : 적합하다, 편안하다

3) 驅車(구거) : 수레를 몰다 | 登(등) : 오르다

4) 只是(지시) : 단지 ~이다

낙유원에 올라

저녁 무렵 마음이 울적하여, 수레를 몰아 고원에 올랐네.

지는 해는 한없이 아름다운데, 다만 황혼이 가까워지는구나.

「등낙유원」 이상은(813?~858?) : 만당의 대표 시인으로 두목(杜牧)과 함께 소이두(小李杜)라 불린다. 당시는 이른바 '우이(牛李) 당쟁'이라 불리는 파벌 투쟁이 격렬했던 분위기였는데 이상은은 두 세력 모두에게 배척을 받아 불우한 인생을 보냈다. 뛰어난 애정시 명작을 많이 남겼다. 아름다운 시어를 구사하지만 함축과 상징, 전고(典故)가 많아 시풍은 상당히 난해하다는 평가를 받는다. 당나라는 초당-성당-중당-만당, 이렇게 네 시기로 나눈다. 이상은의 시대는 당나라의 국운이 저물어가는 만당이다. 제3구와 제4구는 마치 시대적인 분위기를 암시하는 것 같다.

日(날 일)과 관련된 글자

갑골문에서 日(날 일)은 동그란 해의 모습이고 月(달 월)은 반달의 모습이다. 그런데 동그라미 안에 점이 있다. 흑점일 것이다. 이 흑점이 까마귀라고 생각해서 해와 까마귀를 함께 그린 그림이 고구려 고분 벽화에도 많이 등장한다. 다리가 세 개라서 삼족오(三足烏)라고 부른다. 旦(아침 단) 은 해가 지평선 위로 올라오는 모습으로 '아침'을 뜻하고 昏(어두울 혼)은 사람의 발밑으로 해가 지는 모습이라 '어둠, 저녁'을 뜻한다. 莫(말 막)은 풀숲 속에 해가 들어간 모습으로 저녁을 의미했 다. 해가 지면 깜깜해서 아무것도 할 수 없으니 '~하지 말라'라는 금지의 의미가 부여되었다. 금 지의 용법으로 주로 쓰이다보니 저녁의 의미가 이 글자에서 독립했다. 그래서 莫(막)에 해를 하나 더 붙여 暮(저물 모)가 만들어졌다. 이후 '저물다, 저녁, 밤' 등의 의미는 暮(모)로 표현했다. 연말 을 歲暮(세모)라고 부르는 까닭이다.

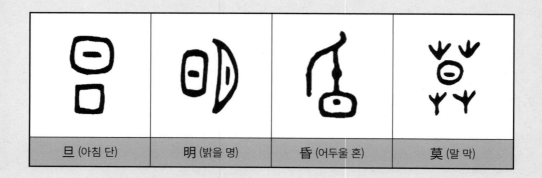

旦 (아침 단)	明 (밝을 명)	昏 (어두울 혼)	莫 (말 막)

중국의 4대 미녀

　중국의 4대 미녀는 서시(西施), 왕소군(王昭君), 초선(貂蟬), 양귀비(楊貴妃)를 가리키는 용어다. 고대문학사에는 이들을 소재로 한 작품이 많이 등장한다. 미모가 뛰어나기도 했지만 역사적 순간에 중요한 역할을 했기 때문에 이야기 요소가 풍부하기 때문이다.

　서시는 춘추 시기 월나라 사람이다. 당시 오나라와 월나라는 와신상담(臥薪嘗膽)이라는 성어가 만들어질 만큼 철천지원수였는데 서시는 미인계의 임무를 띠고 오나라 왕 부차에게 헌상되었다. 오나라는 월나라에 대한 경계심이 풀어졌고 서시는 부차의 총애를 받으며 오나라의 충신 오자서를 제거하는 데에 일조했다. 결국 오나라는 멸망했다. 이후 그녀의 행적에 대해 이야기는 무성하지만 명확한 기록은 없다. "침어(沉魚)"라는 말로 미모를 설명한다. 물고기가 서시를 보고 부끄러워 가라앉는다는 말이다.

　왕소군은 서한 시기 원제의 궁녀였다가 화친정책을 위해 흉노의 선우에게 시집간 미녀다. 궁녀들의 초상화를 그리던 화공 모연수에게 뇌물을 주지 않아 흉한 외모로 그려졌고 결국 흉노로 가게 되었다. 물론 모연수는 황제의 명으로 처형되었다고 한다. 이후 왕소군은 한족 문화가 흉노에 전파되는 데에 많이 기여했고 양국의 문화 교류와 친선을 위해 큰 역할을 했다. 하지만 후대의 문학에서 묘사하는 왕소군의 형상은 낯설고 황량한 북방으로 떠나가는 기구한 운명에 초점이 맞춰져 있다. "낙안(落雁)"이라는 말로 미모를 설명한다. 날아가던 기러기가 날갯짓을 잊어 떨어진다는 말이다.

　초선은 소설 「삼국지연의」에 나오는 인물이다. 정사에는 나오지 않으니 허구의 인물로 보인다. 동한 말기 동탁과 여포가 황제를 끼고 천하를 어지럽히자 우국지사 왕윤이 자신의 수양딸(혹은 시녀)인 초선을 이용해 동탁과 여포를 이간질했다. 자신의 여자를 뺏겼다고 분노한 여포는 동탁을

참살했고 그후 초선은 소설에 거의 등장하지 않는다. "폐월(閉月)"이라는 말로 미모를 설명한다. 달빛이 숨어버렸다는 말이다.

양귀비는 본명이 옥환이고 27세에 당 현종의 귀비가 되었다. 원래 현종의 아들 수왕 이모의 비였는데 미모에 반한 현종이 빼앗았다. 양귀비의 친정이 하루아침에 엄청난 권문세가가 되었고 특히 6촌 오빠 양국충은 조정의 요직에 앉아 국정을 농단해 안사의 난의 발생에 직접적 요인이 되었다. 수도 장안이 함락되고 사천으로 황제가 피난 갈 때 성난 군중들의 강요로 양귀비는 자결했다. 이때 죽지 않고 일본으로 도피했다는 설도 있다. "수화(羞花)"라는 말로 미모를 설명한다. 꽃도 부끄러워 움츠렸다는 말이다.

"경국지색(傾國之色)"이라는 말이 있다. '나라를 망치는 미색'이라는 뜻이다. 여성의 아름다움에 대한 고대 동아시아의 인식을 보여준다. 여자 때문에 동란이 일어나고 나라가 망했다는 여성 화근론이다. 달기, 포사, 서시, 양귀비 등 사례도 많다. 하지만 이런 관점은 역사를 가십거리로만 만든다. 합리적이지 않다. 노신(魯迅)도 말했다. 고대 사회에서 여성들은 큰 힘이 없었다고. 흥망의 책임은 남성들에게 돌려야 한다고.

제13과

01

生當作人傑¹⁾, 死亦爲鬼雄²⁾.
생 당 작 인 걸   사 역 위 귀 웅

「夏日絶句」
하 일 절 구

shēng dāng zuò rén jié, sǐ yì wéi guǐ xióng.

어휘 설명

1) 作(작): ~가 되다 | 人傑(인걸): 세상 호걸, 인간 중 호걸
2) 鬼雄(귀웅): 저승 영웅, 귀신 중의 영웅

當(당)

① (조동사) 응당 ~해야 한다

當立者乃公子扶蘇(당립자내공자부소) 응당 천자로 세울 분은 바로 공자 부소이다.

② ~할 때, ~즈음

當堯之時, 天下猶未平(당요지시 천하유미평) 요임금 때에 천하가 아직 평정되지 않았다.

③ (동사) 적당하다, 가로막다, 직면하다, 해당하다

賞罰無當(상벌무당) : 상과 벌이 적당하지 않다.

우리말 해석

살아서는 응당 인걸이었고 죽어서도 또한 귀웅이 되었네.

해 설

「하일절구」: 남송의 여류 문인 이청조(李淸照, 1084~1155)가 지은 오언절구. 이청조는 44세에 정강의 변을 겪으며 북송의 멸망을 경험했다. 이후 피난길에 남편을 잃고 절강 지역으로 와 불행한 말년을 보냈다. 본문의 뒤에는 "이제 항우를 생각하나니, 강 건너 강동으로 가지 않았지(至今思項羽, 不肯過江東)" 구절이 이어진다. 항우가 도피하지 않고 오강(烏江)에서 최후를 맞았던 영웅적 기개를 찬미하며 비겁한 남송 정권을 풍자하고 있다.

02

能自得師者王¹⁾, 謂人莫己若者亡²⁾.
능 자 득 사 자 왕　　위 인 막 기 약 자 망

『書經 · 商書』
　서 경　　　 상 서

néng zì dé shī zhě wàng. wèi rén mò jǐ ruò zhě wáng.

어휘 설명

1) 自(자) : 스스로 | 師(사) : 스승 | 王(왕) : 왕, 왕이 되다
2) 謂(위) : 말하다 | 己(기) : 자기 | 若(약) : ~와 같다 | 亡(망) : 망하다

어법 설명

(1) 王(왕)

　① (명사, wáng) 왕, 군주

　　王然之開見(왕연지개견) 왕이 옳다고 여겨 열어 보았다.

　② (동사, wàng) 왕이 되다, 왕 노릇하다

　　王天下不與存焉(왕천하불여존언) 천하에 왕이 되는 것은 거기에 없다.

(2) 莫己若者(막기약자)

　　莫若己者의 도치 용법. 의문사나 부정사가 있을 때 목적어를 술어 앞으로 도치하기도 한다.

　　이 문장에서 莫若은 不若과 같은 의미로 쓰여 '~만 못하다'의 의미이다.

　　不仁而得天下, 未之有也(불인이득천하 미지유야) 인하지 않은데도 천하를 얻은 사람은 없었다.

우리말 해석

스스로 스승을 얻을 수 있는 자는 왕이 되고 남을 자기보다 못하다고 말하는 자는 망한다.

해 설

『서경』: 유가의 경전인 삼경(三經) 중의 하나로 『書(서)』, 『尙書(상서)』로도 불린다. 요(堯), 순(舜), 우(禹), 탕(湯), 문무(文武) 등 상고(上古) 시대 제왕들의 사적을 기록했으며 이들이 덕을 베풀며 치국과 평천하를 실현했던 유가의 정치 이상을 담고 있다. 산실과 복구의 과정이 거듭되어 진위에 대한 고증이 어렵고 해석이 난해하다는 평가를 받는다. 본문의 내용은 군주가 권력을 믿고 오만해서는 안 되며, 늘 겸허한 자세로 배움을 갈구해야 한다는 메시지를 전하고 있다.

03

馬無故亡而入胡¹⁾. 人皆吊之²⁾, 其父曰³⁾, "此何遽不爲福乎⁴⁾?"
마 무 고 망 이 입 호   인 개 조 지   기 보 왈   차 하 거 불 위 복 호

『淮南子 · 人間訓』
회 남 자   인 간 훈

mǎ wú gù wáng ér rù hú. rén jiē diào zhī, qí fù yuē, "cǐ hé jù bù wéi fú hū?"

어휘 설명

1) **無故**(무고) : 이유 없이, 까닭 없이 | **亡**(망) : 잃다, 도망하다, 죽다 | **胡**(호) : 오랑캐
2) **皆**(개) : 모두 | **吊**(조) : 위문하다, 문안하다
3) **父**(보) : 연로한 사람에 대한 경칭
4) **此**(차) : 이, 이것, 이 사람 | **遽**(거) : 갑자기, 급히

어법 설명

爲(위)

① 하다, 되다, 만들다

氷水爲之而寒於水 (빙수위지이한어수) 얼음은 물이 만들지만 물보다 차다.

② 위하여

請爲王言樂(청위왕언악) 왕을 위해 음악을 말씀드리길 청합니다.

말이 이유 없이 달아나 오랑캐 땅으로 들어갔다. 사람들이 모두 그를 위로하자 노인이 말했다. "이 일이 어찌 갑자기 복이 되지 않겠는가?"

새옹지마(塞翁之馬) 고사의 한 단락이다. 변방의 한 노인의 이야기다. 어느 날 말이 도망갔다가 야생마 무리를 이끌고 돌아왔다. 그런데 아들이 그 말을 타다가 떨어져 불구가 되었다. 곧 전쟁이 일어나 마을 청년들이 모두 징집되어 갔지만 청년은 무사할 수 있었다. 중국에서는 이 성어를 새 옹실마(塞翁失馬)라고 한다. 인생의 행복과 불행은 서로 이어지는 것이라 운명은 예측할 수 없다는 이치를 표현한다.

04

或曰[1], "以德報怨[2], 何如[3]?" 子曰, "何以報德[4]? 以直報怨[5],
혹왈   이덕보원   하여   자왈   하이보덕   이직보원

以德報德."
이덕보덕

『論語·憲問』
논어   헌문

huò yuē, "yǐ dé bào yuàn, hé rú?" zǐ yuē, "hé yǐ bào dé? yǐ zhí bào yuàn,
yǐ dé bào dé."

어휘 설명

1) 或(혹) : 혹은, 혹자는, 혹시

2) 報(보) : 갚다, 보답(보복)하다 | 怨(원) : 원한, 원망

3) 何如(하여) : 어떠한가

4) 何以(하이) : 어떻게

5) 直(직) : 곧다

以(이)

① (수단, 도구) ~로써

爲善者天報之以福(위선자천보지이복) 선을 행하는 사람은 하늘이 복으로 그에게 보답한다.

② (앞 절의 내용을 받아) ~게 함으로써

殺身以成仁(살신이성인) 자신을 희생하여 인을 이룬다.

우리말 해석

혹자가 물었다. "은덕으로 원한을 갚는 것은 어떻습니까?" 공자가 말했다. "그럼 은덕은 어떻게 갚겠는가? 곧음으로 원한을 갚고 은덕으로 은덕을 갚으라."

해 설

"以德報怨(이덕보원)"은 『노자』에 나오는 말이다. 어떤 이가 『노자』의 이 말이 훌륭하다고 생각되어 공자에게 물었다. 공자가 말한 直(직)은 곧은 것이다. 구부러지지도 않고 감추지도 않는 것이다. 처세의 관점으로는 감정에 휘둘리지 않고 원칙대로 상대하는 태도를 말한다.

01 指鹿爲馬(지록위마)

趙高欲爲亂[1], 恐群臣不聽[2]. 乃先設驗[3], 持鹿獻於二世曰[4],
조 고 욕 위 란　　공 군 신 불 청　　내 선 설 험　　지 록 헌 어 이 세 왈

"馬也." 二世笑曰, "丞相誤邪[5]? 指鹿爲馬[6]!" 問左右[7],
마 야　　이 세 소 왈　　승 상 오 야　　지 록 위 마　　문 좌 우

左右或黙[8], 或言馬以阿順趙高[9], 或言鹿.
좌 우 혹 묵　　혹 언 마 이 아 순 조 고　　혹 언 록

高陰中諸言鹿者以法[10]. 後群臣皆畏高.
고 음 중 제 언 록 자 이 법　　후 군 신 개 외 고

『史記 · 秦始皇本紀』
사 기　　진 시 황 본 기

zhào gāo yù wéi nàn, kǒng qún chén bù tīng. nǎi xiān shè yàn, chí lù xiàn yú èr shì yuē,
"mǎ yě." èr shì xiào yuē, "chéng xiàng wù yé? zhǐ lù wéi mǎ!" wèn zuǒ yòu,
zuǒ yòu huò mò, huò yán mǎ yǐ ā shùn Zhào Gāo, huò yán lù.
gāo yīn zhōng zhū yán lù zhě yǐ fǎ. hòu qún chén jiē wèi gāo.

1) **趙高**(조고) : 진(秦)의 환관. 시황제 사후에 국정을 농단하며 승상이 되었으나 훗날 항우에게 잡혀 처형됐다. **│ 爲亂**(위란) : 반란을 일으키다

2) **恐**(공) : 두려워하다

3) **設驗**(설험) : 시험거리를 만들다

4) **持鹿**(지록) : 사슴을 끌고 오다 **│ 二世**(이세) : 진나라의 두 번째 황제 호해(胡亥). 11세에 이사와 조고에 의해 옹립되어 24세에 조고의 사위 염락이 핍박하여 자살했다.

5) **誤**(오) : 틀리다

6) **指**(지) : 가리키다

7) **左右**(좌우) : 주위의 측근

8) **或**(혹) : 혹자, 어떤 사람 **│ 黙**(묵) : 침묵하다

9) **阿順**(아순) : 아부하여 뜻을 따르다

10) **陰**(음) : 몰래 **│ 中**(중) : 중상(中傷)하다 **│ 法**(법) : 법

어법 설명

(1) **邪**(야, 사)

① (야, yé) 문미에 위치하며 의문의 어감을 나타낸다. 같은 용법으로 耶(야)가 있다.

其眞無馬邪(기진무마야) 참으로 천리마는 없는 것인가?

② (사, xié) 간사, 사악하다

是以邪氣歲增(시이사분세증) 이로써 사악한 기운이 해마다 점증했다.

(2) **或**(혹)

① 혹자, 어떤 이, 어떤 것

或笑或哭(혹소혹곡) 어떤 이는 웃었고, 어떤 이는 소리 내어 울었다.

② 간혹, 때때로

　　或盡粟一石(혹진속일석) 때때로 곡식 한 섬을 다 먹어치운다.

③ 혹시, 아마도

　　或恐是同鄉(혹공시동향) 혹시 동향일까 해서요.

사슴을 가리켜 말이라고 하다

조고는 난을 일으키려 하면서 신하들이 복종하지 않을까 염려했다. 그래서 먼저 시험 삼아 사슴을 끌고 와 이세 황제에게 바치며 말했다. "말입니다." 이세 황제가 웃으면서 말했다. "승상께서 오해하셨지요? 사슴을 가리켜 말이라고 하다니!" 좌우의 신하에게 물어보니 좌우의 신하 중 혹자는 침묵하고, 혹자는 말이라고 하여 조고에게 아부했으며, 혹자는 사슴이라고 말했다. 조고는 사슴이라고 말한 자들에게 은밀히 법으로 엮어 해를 가했다. 이후로 신하들 모두 조고를 두려워했다.

B.C. 210년, 진의 시황제가 순행 도중에 병으로 급사하였다. 이 사실을 숨기고 승상 이사(李斯)와 환관 조고(趙高)가 유서를 조작하여 황태자 부소(扶蘇) 대신 막내아들 호해(胡亥)를 황제로 옹립했다. 조고는 이사마저 참소해 제거한 후, 아둔한 2세 주변에 인의 장막을 치고 권력을 장악해 갔다. 지록위마는 사실을 왜곡해 시비를 전도하는 행위를 비유한다.

02　桃花源記(도화원기)

"先世避秦時亂[1], 率妻子邑人來此絶境[2], 不復出焉,
　선 세 피 진 시 란　　솔 처 자 읍 인 래 차 절 경　　불 부 출 언

遂與外人間隔[3]." 問今是何世, 乃不知有漢, 無論魏晉.
수 여 외 인 간 격　　문 금 시 하 세　내 부 지 유 한　무 론 위 진

此人一一爲具言所聞[4], 皆歎惋[5]. 餘人各復延至其家[6],
차 인 일 일 위 구 언 소 문　　개 탄 완　　여 인 각 부 연 지 기 가

皆出酒食. 停數日[7], 辭去[8]. 此中人語云, "不足爲外人道也[9]."
개 출 주 식　 정 수 일　　사 거　　차 중 인 어 운　　부 족 위 외 인 도 야

「桃花源記」
도 화 원 기

"xiān shì bì qín shí luàn, lǜ qī zi yì rén lái cǐ jué jìng, bú fù chū yān,
suì yǔ wài rén jiàn gé". wèn jīn shì hé shì, nǎi bù zhī yǒu hàn, wú lùn wèi jìn.
cǐ rén yī yī wéi jù yán suǒ wén, jiē tàn wǎn. yú rén gè fù yán zhì qí jiā,
jiē chū jiǔ shí. tíng shǔ rì, cí qù. cǐ zhōng rén yǔ yún, "bù zú wéi wài rén dào yě."

어휘 설명

1) 先世(선세) : 이전 세대, 선조들의 시절 | 避(피) : 피하다
2) 率(솔) : 거느리다, 인솔하다 | 邑人(읍인) : 마을 사람 | 絶境(절경) : 절경, 뛰어난 경치

3) 遂(수) : 결국 | 間隔(간격) : 떨어지다

4) 一一(일일) : 일일이 | 爲(위) : ~에게. 마을 사람들이 대상이다. | 具言(구언) : 모두 말하다

5) 皆(개) : 모두 | 歎惋(탄완) : 탄식하며 아쉬워하다

6) 餘人(여인) : 나머지 사람 | 延(연) : 끌다, 끌어들이다

7) 停(정) : 멈추다, 머무르다

8) 辭去(사거) : 인사하고 떠나다

9) 道(도) : 말하다

어법 설명

(1) 率(솔, 률)

　① (솔, shuài) 인솔하다

　　越王句踐率其眾以朝吳(월왕구천솔기중이조오) 월왕 구천이 신하들을 이끌고 오나라에 조회를 했다.

　② (률, lǜ) 비례하다, 비율

　　以率言之, 三倍春秋(이율언지, 삼배춘추) 비율로 말하자면 춘추 시대의 세 배였다.

(2) 遂(수)

　① 마치다, 완수하다

　　功名未遂, 家事日漸零落(공명미수 가사일점영락) 공명은 이루지 못했건만 가세는 날로 쇠락해졌다.

　② 마침내, 결국

　　嫁後遂廢織紝(가후수폐직인) 시집간 후 결국 베짜기를 그만두었다.

도화원기

"조상들이 진나라 때 난을 피해 처자식과 마을 사람들을 데리고 이곳에 왔다가 다시 나가지 않았더니 바깥세상과 멀어졌습니다." 지금은 어느 시대냐고 묻는데 한나라도 알지 못하고 위나라, 진나라는 말할 것도 없었다. 어부가 하나하나 들은 바를 다 말해주었더니 모두 탄식하며 아쉬워했다. 다른 사람들도 다시 각각 자기네 집으로 초청하였는데 모두 술과 음식을 내놓았다. 며칠을 머물다가 가겠다고 말하자 그중의 한 사람이 말하길 "바깥 사람들에게는 말하면 안 됩니다"라고 했다.

해 설

동진 시대의 문인 도연명(陶淵明. 365~427)의 산문으로 뒤에 32구 분량의 오언시가 있다. 어부가 길을 잃고 헤매다 동굴 속 아름다운 마을을 발견한 이야기이다. 마을 사람들은 고대에 이곳에 와 정착했는데 모두 때 묻지 않은 순박한 본성을 유지하며 살고 있었다. 이곳은 함께 일하고 함께 나누는 평화로운 공동체였다. 얼마 후 어부는 마을을 떠나 세상으로 나왔는데 관가에 이 일을 알리고 다시 마을을 찾아왔지만 찾을 수 없었다. 이 글은 소국과민(小國寡民, 영토가 작고 인구가 적은 사회)의 동양적 정치 이상을 반영하고 있다. 본문에 나오는 무릉도원, 도화원이라는 말이 나오는데 이 말은 동양의 유토피아를 뜻하는 보통명사가 되었다.

제3절 한시 감상

「江南逢李龜年[1](강남봉이구년)」

杜甫
두보

岐王宅裏尋常見[2], 崔九堂前幾度聞[3].
기 왕 택 리 심 상 견   최 구 당 전 기 도 문

正是江南好風景[4], 落花時節又逢君[5].
정 시 강 남 호 풍 경   낙 화 시 절 우 봉 군

qí wáng zhái lǐ xún cháng jiàn, cuī jiǔ táng qián jǐ dù wén.
zhèng shì jiāng nán hǎo fēng jǐng, luò huā shí jié yòu féng jūn.

어휘 설명

1) 逢(봉) : 만나다, 상봉하다 | 李龜年(이구년) : 인명. 당 현종의 총애를 받던 악사(樂師)로 외
척, 귀족들의 연회에 자주 초청되었다.

2) 岐王(기왕) : 인명. 당 현종의 아우로 음악과 예술을 좋아했다. | 宅(택) : 집 |
尋常(심상) : 자주, 늘상

3) 崔九(최구) : 인명. 구(九)는 항렬을 표시한다. 당 현종의 총애를 받던 세도 가문의 인물 |

堂(당) : 집, 집의 건물 | 幾(기) : (의문사) 몇, 얼마나 | 度(도) : (양사) 번, 회

4) 正是(정시) : 바로 ~이다

5) 君(군) : 그대, 자네

강남에서 이구년을 만나다

기왕의 집에서 자주 보았고, 최구의 집에서는 얼마나 들었던가.

바야흐로 강남의 호풍경인데, 낙화시절에 다시 그대를 만났구나.

「강남봉이구년」 두보(712~770) : 자(字)는 자미(子美). 그의 시는 당시 통치 집단의 부패상을 폭로하고 일반 대중의 고난과 사회 모순을 반영했다. 애국주의 정신을 표현하고 당대(唐代) 흥망성쇠(興亡盛衰)의 역사 과정을 분명히 지적했기 때문에 그의 시는 시사(詩史)라고 불렸으며, 후대 시인들에게 깊은 영향을 주었다. 이백(李白)과 함께 당대 시단의 쌍벽을 이루어 이두(李杜)로 병칭된다.

강남은 양자강 이남 지역을 말한다. 기후가 온화하고 풍경이 아름답다. 세상이 평화롭던 시절, 당대의 명사 두보와 이구년은 각종 행사와 연회에 자주 초대되어 만났던 사이이지만 이제 전쟁 통에 피난지에서 우연히 만났다. 격세지감이다. 제4구의 낙화시절은 실제 계절을 의미하기도 하지만 두 사람의 인생과 운명을 암시하기도 한다.

禾(벼 화)와 관련된 글자

和(화할 화)는 평화, 화평, 화목 등 타인와 평화롭게 어우러진다는 의미를 표현한다. 왼쪽 禾(벼화)는 곡식을 의미하고 오른쪽 口(입 구)는 입을 의미한다. 음식이 입에 들어가야 평화가 오고 화목을 이룰 수 있다는 고대인들의 철학이 담겼다. 음식을 먹지 못하고 배가 고프면 다른 사람의 음식을 빼앗아야 한다. 전쟁이다.

禾(화)는 고개 숙인 벼의 모습인데 年(해 년)은 사람이 볏단을 짊어지고 가는 모습을 형상화한 글자다. 한 해의 가장 중요한 일이 곡식을 수확해 가져가는 일이기 때문일 것이다. 어른 대신 아이를 집어넣으면 季(끝 계)가 된다. 계절(季節)이라는 단어에 쓰는 글자다. 利(날카로울 리)는 벼와 칼(刂, 刀)의 결합이다. 그래서 '날카로움, 이로움'의 뜻을 갖게 되었다. 秉(잡을 병)은 볏단을 손으로 잡고 있는 모습이라 '쥐다, 잡다'의 뜻으로 쓰였다. .

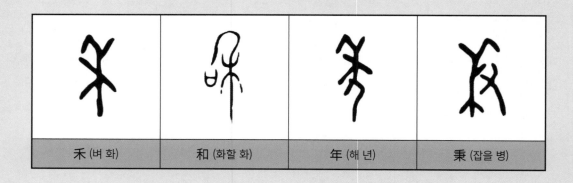

| 禾 (벼 화) | 和 (화할 화) | 年 (해 년) | 秉 (잡을 병) |

이청조와 정강의 변

이청조(李淸照, 1084?~1155?)는 송나라 때의 여성 문인으로 북방인 산동성 제남(濟南)에서 출생하여 남방인 절강성 금화(金華)에서 사망했다. 중국 문학사에서 가장 유명한 여성 문인으로 평가받는다. 섬세한 감성으로 뛰어난 사(詞)를 많이 남겼다. 사는 송나라 때 유행한 문학 장르로 멜로디와 배합되어 노래를 부를 수 있는 운문이다. 노래의 가사인 셈이다. 대표적인 송사 작가로는 호방사파의 소동파와 신기질, 그리고 완약사파의 이청조 등이 있다.

이청조는 18세에 금석학자 조명성과 결혼했다. 서로의 학문적 열정과 문학적 재능을 존중했고 함께 서화를 연구하며 낭만적이고 행복한 신혼 시절을 보냈다. 함께 『금석록』을 편찬하기도 했다. 이청조 인생의 전환점은 1127년 정강의 변이다. 금나라의 침입으로 수도가 함락되고 남방으로 천도한 것이다. 남편 조명성은 관직에 임명되어 부임지로 가던 중 남경에서 병사했다. 그때 이청조는 46세였다. 이후 이청조는 홀로 피난을 와 남방을 전전하며 쓸쓸한 노년을 보내다 70여 세로 사망했다. 한때 재혼하기도 했으나 자신이 소장한 서화를 탐냈다는 것을 알고 곧 이혼했다. 이청조의 문학 세계는 전후반으로 나뉜다. 전반부에는 자연과 인생의 아름다움을 청신하고 밝은 풍격으로 묘사했지만 후반부에는 쓸쓸하고 고독한 감회를 무겁고 슬픈 풍격으로 표현했다. 본인의 파란만장한 인생 역정 때문일 것이다.

1127년 발생한 정강의 변(靖康之變)은 금나라의 침입으로 북송의 수도 변경(汴京, 지금의 개봉)이 함락되어 양자강 이남에 있는 임안(臨安, 지금의 항주)에서 남송이 시작된 사건이다. 정강은 당시 북송의 연호이다. 그 배경과 경과는 다음과 같다.

1115년 동북 지역에서 금나라가 건국되었다. 군사력이 허약했던 북송은 북방에 있던 요나라의 침입에 시달렸다. 지나친 숭문 정책 때문이었다. 요를 형의 나라로 모시며 비단, 은 등 막대한 공물을 바쳐 화친을 맺어야 했다. 북송은 요나라를 공격하기 위해 금나라와 연합했다. 하지만 북송에서는 방랍의 난이 일어났고 산동 양산박에서 송강 등이 관군에게 대항했다. 북송은 내란을 다스려야 했고 금나라는 거의 독자적인 힘으로 요나라를 멸망시켰다. 그런데 북송은 약속했던 보상을 지불하지 않고 오히려 요나라와 결탁하여 금나라에서 내분을 일으키려고 시도했다. 이에 금나라는 남하하여 북송의 수도 변경을 공격했다. 황제 휘종은 제위를 아들 흠종에게 물려주고 도피했다. 결국 변경이 함락됐고 휘종과 흠종을 비롯, 황후와 후궁 등 3,000명의 종실은 포로가 되어 금나라로 압송되었다. 이들은 금나라에서 굴욕적인 대우를 받다가 쓸쓸히 여생을 마쳤다.

휘종의 9남이자 흠종의 이복동생 고종 조구가 임안에서 남송 왕조를 시작했다. 남송과 금나라는 양자강을 사이에 두고 일진일퇴의 크고 작은 전투를 계속했다. 특히 남송 악비의 전공이 눈부셨다. 남송은 내부적으로 주전파와 화친파가 대립했는데 휘종과 함께 금나라에 압송되었다가 돌아온 진회가 화친파의 대표였다. 진회는 모함으로 악비를 옥사시키고 금나라를 주군으로 섬기는 조약을 맺었다. 중국사에서 진회는 영원한 매국노로, 악비는 불멸의 민족 영웅으로 평가받는다. 남송은 북방을 완전히 뺏기고 금나라와 남북으로 대치하다가 1279년 몽골의 침략으로 멸망했다.

제14과

01

心誠求之[1], 雖不中[2], 不遠矣[3]. 未有學養子而後嫁者也[4].
심 성 구 지   수 부 중   불 원 의   미 유 학 양 자 이 후 가 자 야

『大學』
대 학

xīn chéng qiú zhī, suī bú zhòng, bù yuǎn yǐ. wèi yǒu xué yǎng zǐ ér hòu jià zhě yě.

어휘 설명

1) 誠(성) : 정성, 성실하다 | 求(구) : 구하다, 찾다

2) 雖(수) : 비록 | 中(중) : 가운데, (과녁, 예상, 계책 등이) 들어맞다

3) 遠(원) : 멀다

4) 未有(미유) : 아직 없었다 | 養(양) : 기르다 | 嫁(가) : 시집가다

어법 설명

(1) 中(중)

　① (zhōng) 가운데

　　見草中石(견초중석) 풀 속의 바위를 보았다.

　② (zhòng) 적중하다, (예상, 계책 등이) 들어맞다

　　中石沒矢(중석몰시) 바위에 적중하여 화살이 박혔다.

(2) 未(미) : 不(불), 非(비)와 같은 부정사지만 未는 '아직 ~않다'의 어감을 표현한다.

　　二龍未點眼者皆在(이룡미점안자개재) 아직 눈동자를 그리지 않은 용 두 마리는 모두 있었다.

우리말 해석

마음을 다해 정성으로 구하면 비록 들어맞지는 않으나 멀지는 않을 것이다. 자식을 기르는 일을 다 배운 후에 시집가는 사람은 아직 없었다.

해 설

『대학』 : 사서(四書)의 하나로 큰 학문이라는 의미이다. 사서 중 『논어』, 『맹자』는 공자, 맹자의 언행록이지만 『대학』은 『예기(禮記)』의 한 편장을 뽑아 별도의 책으로 만든 것이다. 원래는 장절의 구분이 없었는데 남송의 주희(朱熹)가 경(經) 1장, 전(傳) 10장으로 나누고 대대적인 개편을 했다. 심지어 5장은 누락된 내용이 있다고 보고 자신이 내용을 지어 삽입했다. 3강령, 8조목 등 유가의 정치 이상을 제시했다. 송대 이후 『대학』을 비롯한 사서는 과거를 위한 필독서가 되어 널리 읽혔다.

02

"帝成白玉樓¹⁾, 立召君爲記²⁾. 天上差樂³⁾, 不苦也."
제 성 백 옥 루　　입 소 군 위 기　　천 상 차 락　　불 고 야

長吉獨泣⁴⁾, 邊人盡見之⁵⁾.
장 길 독 읍　　변 인 진 견 지

「李長吉小傳」
이 장 길 소 전

"dì chéng bái yù lóu, lì zhào jūn wèi jì. tiān shàng chā lè, bù kǔ yě."
cháng jí dú qì, biān rén jìn jiàn zhī.

어휘 설명

1) 白玉樓(백옥루): 백옥으로 지어진 누각

2) 召(소): 부르다, 소환하다 ∣ 君(군): 너, 그대

3) 差(차): 대체로, 그럭저럭

4) 長吉(장길): 중당 시인 이하(李賀, 790~816)를 말한다. 26세에 요절한 천재 시인으로 괴벽하
   고 기이한 풍격의 시를 창작했다. ∣ 泣(읍): 울다

5) 盡(진): 모두

立(립)

① 서다

賣油翁釋擔而立(매유옹석담이립) 기름 파는 노인은 짐을 놓고 일어섰다.

② 곧, 바로, 즉

王僚立死(왕요립사) 왕 요는 곧 죽었다.

우리말 해석

"천제께서 백옥루를 지어 너에게 글을 지으라고 부르신다. 천상의 생활은 그럭저럭 즐거우며 괴로움이 없다." 이하는 홀로 눈물을 흘리며 울었고 주위의 사람들이 모두 보았다.

해 설

「이장길소전」 : 만당 시인 이상은(李商隱)이 중당 시인 이하를 위해 쓴 전기문. 장길(長吉)은 이하의 자다. 이하는 병약한 몸으로 몰락한 집안에서 성장했다. 뛰어난 재능으로 인해 사람들의 질투와 배척을 받았고 벼슬길이 막혀 평생 우울한 심경으로 살았다. 이상은의 전기에 따르면 이하가 임종할 때 붉은 비단옷을 입고 적룡을 탄 사람이 와서 데려갔다고 한다.

夫直議者¹⁾, 不爲人所容²⁾, 無所容, 則危身³⁾.
부 직 의 자　　 불 위 인 소 용　　무 소 용　 즉 위 신

『韓非子・外儲說左下』
한 비 자　　외 저 설 좌 하

fú zhí yì zhě, bù wéi rén suǒ róng , wú suǒ róng , zé wēi shēn.

어휘 설명

1) 直議(직의) : 직언

2) 人(인) : 타인, 다른 사람 | 容(용) : 용납하다, 받아들이다

3) 危(위) : 위태롭다, 위험하다 | 身(신) : 몸, 자신

어법 설명

(1) 夫(부)

① (fū) 지아비, 남편, 남자에 대한 존칭

吾夫又死焉(오부우사언) 내 남편이 또 (호랑이에게) 죽임을 당했습니다.

② (fú) 발어사. 자신의 의견을 말할 때 서두에 습관적으로 꺼내는 말. '대저, 무릇'으로 해석
하지만 의미는 없다.

夫戰, 勇氣也(부전 용기야) 전쟁이란 용기가 관건이다.

(2) 爲(위)A所(소)B : (피동) A에 의해 B되다

　　爲兒女子所詐(위아녀자소사) 아녀자에게 속임을 당하다

무릇 직언은 남에게 받아들여지지 않는다. 받아들여지지 않으면 자신을 위태롭게 한다.

범문자가 직언을 좋아하자 부친이 그를 지팡이로 때리고 화를 내며 본문과 같이 말했다. 일신을 망칠 뿐 아니라 아비인 자신에게도 화가 미칠 것이라면서 말이다. 뒤에는 정나라 자산의 이야기가 이어진다. 자산이 남달리 군주에게 충성하자 그의 부친이 꾸짖었다. "군주가 현명하다면 너의 말을 들어주겠지만, 그렇지 않다면 듣지 않을 것이다. 게다가 넌 다른 신하들과는 다르게 행동하고 있으니 신상이 위험하다. 아비인 나도 위험해질 것이다." 충언이 언제나 좋은 결과로 돌아오지 않는다는 현실적 관점이다.

04

天下大勢, 分久必合¹⁾, 合久必分.
천 하 대 세   분 구 필 합   합 구 필 분

『三國志演義』
삼 국 지 연 의

tiān xià dà shì, fēn jiǔ bì hé, hé jiǔ bì fēn.

어휘 설명

1) 分(분) : 나누다 | 久(구) : 오래되다 | 合(합) : 합하다

우리말 해석

천하 대세는 나누어진 지 오래되면 반드시 합쳐지고 합쳐진 지 오래되면 반드시 나누어진다.

해 설

「삼국지연의」 : 우리가 알고 있는 나관중의 소설 「삼국지」의 원래 이름은 「삼국연의」 또는 「삼국지
연의」이다. 『삼국지』는 진나라 때 진수(陳壽)가 편찬한 정통 역사서이다. 본문의 내용은 소설 「삼국
지연의」의 유명한 첫 구절이다. 원말 명초 시기 나관중은 그간 중국의 역사를 분열과 통합이 반복
되는 흐름으로 인식했다. 역사를 반복과 순환의 관점으로 보는 동양적 세계관이 반영된 구절이다.

01   子爲父隱(자위부은)

葉公語孔子曰[1], "吾黨有直躬者[2], 其父攘羊[3], 而子證之[4]."
섭 공 어 공 자 왈   오 당 유 직 궁 자   기 부 양 양   이 자 증 지

孔子曰, "吾黨之直者異於是[5]. 父爲子隱[6], 子爲父隱,
공 자 왈   오 당 지 직 자 이 어 시   부 위 자 은   자 위 부 은

直在其中矣[7]."
직 재 기 중 의

『論語 · 子路』
논 어   자 로

xiè gōng yǔ kǒng zǐ yuē, "wú dǎng yǒu zhí gōng zhě, qí fù rǎng yáng, ér zǐ zhèng zhī."
kǒng zǐ yuē, "wú dǎng zhī zhí zhě yì yú shì. fù wèi zǐ yǐn, zǐ wèi fù yǐn,
zhí zài qí zhōng yǐ."

어휘 설명

1) **葉公**(섭공) : 춘추 시대 초(楚)나라 대부 심제량(沈諸梁). 식읍이 섭현(葉縣)에 있어 '섭공'이
라고 했다.

2) 吾黨(오당) : 우리 향당(鄕黨), 곧 우리 마을. 黨은 고대 지방 조직의 명칭으로, 500호를 일당
　　(一黨)으로 쳤다. | 直躬者(직궁자) : 정직함을 실천하는 자

3) 攘(양) : 훔치다, 강탈하다

4) 證(증) : 고발하다, 신고하다

5) 異(이) : 다르다

6) 隱(은) : 숨겨주다, 잘못을 감춰주다

7) 直(직) : 곧다, 정직 | 在(재) : ~에 있다, ~에 달려 있다

어법 설명

爲(위)

　① (wéi) 하다, 되다, 만들다

　　衛靑爲大司馬(위청위대사마) 위청이 대사마가 되다.

　② 爲A所B : (피동) A에 의해 B되다

　　後則爲人所制(후즉위인소제) 늦으면 남에게 제압당한다.

　③ (wèi) 위하다

　　爲人謀而不忠乎(위인모이불충호) 남을 위해 일을 도모하면서 최선을 다했는가?

우리말 해석

자식은 부모를 위해 감춰준다

섭공이 공자에게 말했다. "우리 마을에 행실이 정직한 자가 있는데, 아버지가 양을 훔치자 아들
이 그를 고발했습니다." 공자가 말했다. "우리 마을의 정직한 자는 이와 다릅니다. 아버지는 자
식을 위해 잘못을 감춰주고 자식은 아버지를 위해 잘못을 감춰주는데, 정직함이란 그 안에 있
습니다."

『논어』의 중심 사상은 인(仁)이며, 인의 실천은 가족에서부터 이웃으로 확대하는 순서를 밟는다. 공자는 가장 가까운 가족의 잘못을 감싸주지 못하면서 이웃을 사랑한다는 것은 위선이라고 보았다. 가족을 사랑하는 것은 본성이라고 생각했기 때문이다.

02 管鮑之交(관포지교)

管仲曰[1], "吾始困時[2], 嘗與鮑叔賈[3], 分財利多自與[4],
관 중 왈   오 시 곤 시   상 여 포 숙 고   분 재 리 다 자 여

鮑叔不以我爲貪[5], 知我貧也. (중략) 吾嘗三仕三見逐於君[6],
포 숙 불 이 아 위 탐   지 아 빈 야   오 상 삼 사 삼 견 축 어 군

鮑叔不以我爲不肖[7], 知我不遭時也[8]. 吾嘗三戰三走,
포 숙 불 이 아 위 불 초   지 아 부 조 시 야   오 상 삼 전 삼 주

鮑叔不以我爲怯[9], 知我有老母也."
포 숙 불 이 아 위 겁   지 아 유 노 모 야

『論語 · 子路』
논어   자로

guǎn zhòng yuē, "wú shǐ kùn shí, cháng yǔ bào shū gǔ, fēn cái lì duō zì yǔ,
bào shū bù yǐ wǒ wéi tān, zhī wǒ pín yě. (중략) wú cháng sān shì sān jiàn zhú yú jūn,
bào shū bù yǐ wǒ wéi bú xiào, zhī wǒ bù zāo shí yě. wú cháng sān zhàn sān zǒu,
bào shū bù yǐ wǒ wéi qiè, zhī wǒ yǒu lǎo mǔ yě."

어휘 설명

1) 管仲(관중): 인명. 춘추 시대 제나라의 명재상

2) 吾(오): 나 | 始(시): 처음 | 困(곤): 고생하다, 곤란하다

3) 嘗(상): 일찍이 | 鮑叔(포숙): 인명. 춘추 시대 제나라의 정치가이자 사상가 |

賈(고) : 장사, 장사하다

4) 分(분) : 나누다 ┃ 財利(재리) : 재물과 이익 ┃ 自(자) : 스스로 ┃ 與(여) : 주다

5) 貪(탐) : 욕심내다

6) 仕(사) : 벼슬하다 ┃ 逐(축) : 쫓다, 쫓아내다 ┃ 君(군) : 임금, 군주

7) 不肖(불초) : 못나고 어리석다

8) 遭(조) : 만나다

9) 怯(겁) : 겁내다, 무서워하다

어법 설명

(1) 以(이)A爲(위)B : A를 B로 삼다(여기다)

　　民以食爲天(민이식위천) 백성은 먹는 것을 하늘로 여긴다.

(2) 見(견) : 동사 앞에 사용되어 피동을 표현한다.

　　百姓之不見保(백성지불견보) 백성이 보호받지 못하다.

우리말 해석

관포지교

관중이 말했다. "내가 처음 어려웠을 때 일찍이 포숙과 함께 장사를 했었다. 이익을 나누면서 나에게 많이 주었지만 포숙은 나를 탐욕스럽다고 하지 않았다. 내가 가난함을 알았기 때문이다. (중략) 내가 일찍이 군주에게 세 번 쫓겨났을 때 포숙은 나를 못났다고 하지 않았다. 내가 때를 만나지 못했음을 알았기 때문이다. 내가 일찍이 세 번 싸우면서 세 번 도망갔지만 포숙은 나를 겁쟁이라고 하지 않았다. 나에게 노모가 있음을 알았기 때문이다."

관중(管仲, ?~B.C. 645)은 춘추 시대 법가의 대표 인물로 젊은 시절 빈궁한 처지였으나 후에 친구 포숙의 천거로 제나라의 재상이 되었다. 이후 조세, 군사, 경제 등 방면에 강력한 개혁을 시행하여 제나라를 강대국으로 이끌었다. 관중의 실용적 정치사상은 『관자』라는 책에서 전하는데 "창고가 가득 차야 예절을 알게 되고, 의식이 풍족해야 영욕을 알게 된다(倉廩實則知禮節, 衣食足則知榮辱)"라는 말이 유명하다. 관포지교는 관중과 포숙의 사귐에서 유래한 말로 서로의 처지를 이해하는 깊은 우정과 신뢰를 가리킨다. 본문에 나오는 관중의 말은 "나를 낳아준 사람은 부모님이지만 나를 알아준 사람은 포숙이다"라는 말로 마무리된다.

제3절 한시 감상

「山中問答(산중문답)」

李白
이 백

問余何事棲碧山¹⁾, 笑而不答心自閑²⁾.
문 여 하 사 서 벽 산   소 이 부 답 심 자 한

桃花流水杳然去³⁾, 別有天地非人間⁴⁾.
도 화 유 수 묘 연 거   별 유 천 지 비 인 간

wèn yú hé shì qī bì shān, xiào ér bù dá xīn zì xián.
táo huā liú shuǐ yǎo rán qù, bié yǒu tiān dì fēi rén jiān.

어휘 설명

1) 余(여): 나 ┃ 棲(서): 살다, 거주하다 ┃ 碧山(벽산): 청산(靑山), 깊은 산중

2) 自閑(자한): 절로 한가하다

3) 桃花(도화): 복사꽃. 동진의 도연명이 지은 「도화원기(桃花源記)」에 세상과 떨어진 이상향인 도화원이 등장한다. ┃ 杳然(묘연): 아득히 먼 모양

4) 別(별): 별도로, 따로 떨어져 ┃ 人間(인간): 인간 세상

산중문답

나에게 왜 청산에 사느냐고 묻기에, 웃으며 대답하지 않았으나 마음 절로 한가하다네.

복사꽃이 물 따라 아득히 흘러가는 곳, 또 다른 천지가 있으니, 인간 세상이 아니라오.

해 설

「산중문답」 이백(701~762) : 성당의 천재 시인. 자(字)가 태백(太白)이며 시선(詩仙)이라는 별칭이 있다. 두보와 함께 당시의 최고봉으로 평가를 받는다. 자유분방한 성격으로 친구와의 교유를 중시했다. 현종의 총애를 받아 잠시 관직에 있었으나 황실 측근들과의 마찰로 장안을 떠나 유랑했다. 개성이 강한 낭만파 시인으로 술에 취해 일필휘지(一筆揮之)로 명시를 남긴 일화가 많다. 과장과 상상이 뛰어나고 강한 즉흥성과 자연미의 시풍으로 평가받는다.

이백이 20대 후반 백조산에서 은거할 때 쓴 시이다. 세속을 떠나 자연에서 사는 즐거움을 묘사했다. 누군가가 왜 산속에서 사느냐고 물었는데 시인은 대답하지 않았다고 했다. 하지만 시인은 웃었다. 웃음이 대답인 셈이다. 心自閑(심자한)은 더 구체적인 대답이었고 제3구와 제4구 역시 자신이 왜 자연 속에서 사는지 대답하는 묘사이다.

방위와 관련된 글자

　왼쪽을 뜻하는 左(왼 좌)는 왼손을 묘사했고 오른쪽을 뜻하는 右(오른 우)는 오른손을 묘사했다. 右(우)와 비슷하게 생긴 友(벗 우)는 두 개의 손을 그렸는데 모두 오른손인 것을 보면 두 사람이다. 두 사람이 같은 일을 하는 모양이다. 그래서 친구는 '서로 돕는 사이'라는 뜻을 표현했다. 가운데를 뜻하는 中(가운데 중)은 깃발이 서 있는 모습이다. 가운데, 중심을 표시하는 기준으로 깃발을 세웠을 것이다.

　고대 중국에는 방위에도 존비의 개념이 있었다. "君面南(군면남), 臣面北(신면북)"이라 하여 군주는 남면했고 신하는 북면했다. 자금성은 남향이다. 조선도 마찬가지다. 경복궁은 남향으로 설계되었고 남산이 보인다. 또 병자호란 당시 인조는 남쪽 단 아래에서 절을 했고 청의 황제는 북쪽 단상에서 절을 받았다. "賓面東(빈면동), 主面西(주면서)"라 하여 손님은 서쪽에 앉고 주인은 동쪽에 앉았다. 중국어에서 집주인을 "房東(fáng dōng)"이라 부르는 이유이다.

방위와 관련된 글자			
左 (왼 좌)	右 (오른 우)	友 (벗 우)	中 (가운데 중)

중국 지리 23452

중국을 대표하는 두 개의 큰 강은 북방의 황하(黃河)와 남방의 장강(長江)이다. 황하는 서북쪽 황토고원 지대에서 발원하여 산동성까지 와 바다로 들어간다. "7할이 진흙"이라는 말처럼 온통 누런색이라 이름이 황하다. 장강은 중국의 남부 지역을 가로질러 상하이에서 바다로 들어간다. 한국에서는 양자강이라는 이름이 더 친숙하지만 양자강은 남경 하류를 지칭하던 옛 명칭이다. 일반적으로 중국인들은 장강을 기준으로 남방과 북방을 나눈다.

중국 지형의 특징은 서고동저다. 서쪽으로 네팔 국경선을 향해 가면 히말라야 산맥이 있고 에베레스트산이 있다. 서쪽이 높고 동쪽이 낮다 보니 황하도 장강도 서쪽에서 동쪽으로 흐른다. 고전시에는 강물이 동쪽으로 흘러간다는 말이 자주 등장하는데, 이는 '시간이 흐른다'라는 말의 문학적 표현이다. 언제나 동쪽이다. 서쪽은 없다.

> 큰 강은 동쪽으로 흘러간다. (大江東去, 대강동거) 「염노교·적벽회고」

중국의 행정 구역을 공부할 때 23452라는 숫자를 기억하면 편리하다. 23개의 성(省), 4개의 직할시, 5개의 소수민족자치구, 2개의 특별행정구를 가리킨다. 그런데 23개의 성이란 말은 중국의 시각에서 하는 말이다. 실제 행정력이 미치지 않는 대만도 포함된 숫자다. 성의 행정 중심 도시를 성회(省會)라고 부른다. 4개의 직할시는 북경, 천진, 상해, 중경이다. 성급이라 당연히 어느 성에도 포함되지 않는다. 5개의 소수민족자치구는 티베트, 내몽고 등 모두 중국 지도에서 국경선에 있는 곳이다. 엄청난 면적과 지하자원을 갖고 있어 전략적 가치가 크지만 기타 지역들과 경제적 격차가 심각하다는 문제가 있다. 우리에게 친숙한 연변은 규모가 작아 자치구보다 아래 등급인 자치주이다. 연변조선족자치주의 행정 중심 도시는 연길이다. 2개의 특별행정구는 홍콩과 마카오다. 아편 전쟁 이후 영국과 포르투갈에 할양되었다가 1997년, 1999년에 반환된 곳이다.

중국의 대부분 성급 지역에는 한 글자로 된 간칭(簡稱)이 있어 흥미롭다. 예를 들어 북경은 경(京)이고 천진은 진(津)이다. 그래서 북경-천진 기차 노선을 경진(京津) 철도라고 부른다. 우리 나라의 경부선, 경인선 같은 개념이다. 각 지역의 특징을 설명할 때 많이 사용되니 알아두면 유 용하다. 예를 들어 자동차 번호판에 소(蘇)라고 적혀 있으면 강소성 차량이다. 천(川)이면 사천성, 흑(黑)이면 흑룡강성이다. 이 정도는 직관적으로 맞추기 쉽지만 호(滬), 노(魯) 같은 간칭은 어렵 다. 각각 상해, 산동이다. 음식점 메뉴에 천채(川菜)라고 적혀 있으면 사천 요리이고 노채(魯菜) 라고 적여 있으면 산동 요리다. 또 광동은 월(粵)이라 광동 요리는 월채(粵菜), 광동 방언은 월어 (粵語)라고 부른다.

제15과

01

莫見乎隱¹⁾, 莫顯乎微²⁾, 故君子愼其獨也³⁾.
막 현 호 은　　막 현 호 미　　고 군 자 신 기 독 야

『中庸』
중 용

mò xiàn hū yǐn, mò xiǎn hū wēi, gù jūn zi shèn qí dú yě.

어휘 설명

1) 隱(은) : 숨기다, 감추다

2) 顯(현) : 나타나다 | 微(미) : 작다, 미세하다

3) 故(고) : 고로 | 愼(신) : 삼가다, 조심하다 | 獨(독) : 홀로

어법 설명

(1) 莫(막)

　① (금지) ～말라

　　疑人莫用, 用人勿疑(의인막용, 용인물의) 남을 의심하면 쓰지 말고, 썼다면 의심하지 말라.

② 더 ~는 없다. 莫强(막강), 莫大(막대)처럼 최상급의 비교를 표현한다.

　　至樂莫如讀書(지락막여독서) 가장 큰 즐거움은 독서만 한 것이 없다.

(2) 乎(호)

　① ~에, ~에서, ~에게

　　生乎楚, 長乎楚(생호초, 장호초) 초나라에서 태어나 초나라에서 자랐다.

　② (비교) ~보다

　　感人心者莫先乎情(감인심자막선호정) 사람 마음을 감동시킴은 정보다 중요한 것이 없다.

　③ 문미에 사용하여 문장을 의문문으로 만든다. 현대 중국어의 吗와 같다.

　　朝三而暮四, 足乎?(조삼이모사 족호) 아침에 세 개, 오후에 네 개면 족하겠는가?

우리말 해석

숨겨진 곳만큼 잘 드러나는 곳은 없으며 미세한 것만큼 잘 나타나는 것은 없다. 그러므로 군자는 홀로 있을 때조차 삼가는 것이다.

해 설

『중용』 : 사서(四書)의 하나. 『대학』과 마찬가지로 『예기(禮記)』의 일부분이었는데 남송의 주희가 대대적인 편집을 거쳐 별도의 책으로 만들었다. 중용은 과하지도 부족하지도 않으며 한쪽에 치우치지 않는 것이다. 본문에서 말하는 신독(愼獨)은 혼자 있을 때도 도리에 벗어나는 일을 하지 않고 조심하고 신중하게 행동하는 경지를 말한다. 『중용』에서 강조하는 정성스러움(誠)의 실천이다.

02

吾悔不用蒯通之計¹⁾, 乃爲兒女子所詐²⁾, 豈非天哉³⁾!

오 회 불 용 괴 통 지 계   내 위 아 녀 자 소 사   기 비 천 재

『資治通鑑 · 漢紀』
자 치 통 감   한 기

wú huǐ bú yòng kuǎi tōng zhī jì, nǎi wéi ér nǚ zǐ suǒ zhà, qǐ fēi tiān zāi!

어휘 설명

1) 悔(회) : 후회하다 | 蒯通(괴통) : 인명. 진한 교체기의 인물로 한신에게 천하삼분론을 주장하며 독립을 권했다.

2) 乃(내) : 이에 | 兒女子(아녀자) : 아녀자 | 詐(사) : 속다, 속이다

3) 豈(기) : 어찌

어법 설명

(1) 爲(위)A所(소)B : (피동) A에 의해 B되다

衛太子爲江充所敗(위태자위강충소패). 위나라 태자는 강충에게 패했다.

(2) 哉(재) : 문미에 붙어 감탄, 의문, 반문 등의 어감을 표현한다.

燕雀安知鴻鵠之志哉(연작안지홍곡지지재) 제비와 참새가 어찌 기러기와 고니의 큰 뜻을 알겠는가!

나는 괴통의 계책을 쓰지 않아 아녀자에게 속임을 당하여 후회하나니 어찌 하늘의 뜻이 아니랴!

『자치통감』: 북송의 사마광(司馬光, 1019~1086)이 황제의 명을 받고 약 20년간의 편찬 작업 끝에 완성한 역사서. 주나라부터 북송의 건국 직전까지 1362년의 역사를 편년체의 방식으로 기록했다. 사마천의 『사기』는 주제별로 기술하는 기전체의 대표작인데 『자치통감』은 시간의 순서대로 기술하는 편년체의 대표작이다. 본문의 내용은 초한 전쟁 때의 명장 한신이 숙청당하는 장면이다. 한 고조 유방은 천하를 통일한 후 강한 군사력을 가진 한신의 존재에 위협을 느꼈다. 한신이 위험을 느끼고 선제 모반을 하려 했으나 여후와 소하의 계략에 빠져 생포되었고, 괴통의 제안을 거절한 것을 후회하며 처형되었다.

天下難事¹⁾, 必作於易²⁾. 天下大事, 必作於細³⁾.
천 하 난 사   필 작 어 이   천 하 대 사   필 작 어 세

『老子』
노 자

tiān xià nán shì, bì zuò yú yì. tiān xià dà shì, bì zuò yú xì.

어휘 설명

1) **難事**(난사) : 어려운 일
2) **作**(작) : 하다, 만들다 | **於**(어) : ~에서, ~로부터
3) **細**(세) : 미세한 것, 사소한 일

어법 설명

易(이, 역)

① (이) 쉽다

易如反掌(이여반장) 손바닥 뒤집는 것처럼 쉽다.

② (역) 바꾸다

易地思之(역지사지) 처지를 바꾸어 생각하다.

천하의 어려운 일은 반드시 쉬운 일에서 시작하며, 천하의 큰일은 반드시 작은 일에서 시작한다.

해 설

『노자』: 춘추 시대 도가의 창시자 노자의 사상을 적은 책. 전반부는 도(道)에 관한 내용이고 후반부는 덕(德)에 관한 내용이라 『도덕경』이라고도 부른다. 저자인 노자에 대해 사마천의 『사기』에서는 본명이 이이(李耳), 자는 담(聃)이라고 하고 공자와 만나 가르침을 베풀었다고 기록했는데 실증적인 근거는 없다. 실존 인물이 아니라는 설도 있다. 『노자』는 약 5,000자에 달하며 『논어』와 달리 추상적이고 형이상학적인 내용이 많다. 핵심 사상은 인위적인 행동을 반대하는 무위자연(無爲自然)이다.

04

天不爲人之惡寒也[1], 輟冬[2], 地不爲人之惡遼遠也[3], 輟廣[4].
천 불 위 인 지 오 한 야   철 동   지 불 위 인 지 오 요 원 야   철 광

『荀子・天論』
순 자   천 론

tiān bù wéi rén zhī wù hán yě, chuò dōng, dì bù wéi rén zhī wù liáo yuǎn yě, chuò guǎng.

어휘 설명

1) 爲(위) : ~때문에, ~를 이유로 | 寒(한) : 춥다, 추위

2) 輟(철) : 그치다, 정지하다 | 冬(동) : 겨울

3) 遼遠(요원) : 멀다

4) 廣(광) : 넓다, 넓음

惡(악, 오)

① (악, è) 악, 악하다

聞惡如聾(문악여롱) 악한 일을 들으면 귀머거리처럼 하라.

② (오, wù) 미워하다, 싫어하다

惡之則見其非(오지즉견기비) 미워하면 그 그름을 본다.

③ (오, wū) 어찌

彼惡知之(피오지지) 저들이 어찌 그것을 알겠는가?

우리말 해석

하늘은 사람들이 추위를 싫어한다고 해서 겨울을 그치게 하지는 않으며 땅은 사람들이 거리의 멂을 싫어한다고 해서 광활함을 없애지는 않는다.

해 설

정통 유가 사상에서 하늘은 도덕적 권위를 지닌 존재였기 때문에 착한 사람에게 복을 주고 악한 사람에게 화를 준다는 인식이 있었다. 하늘이 인간보다 우월하고 인간은 하늘의 지배를 받는다는 것이다. 그러나 순자는 하늘에 의지가 있다는 기존의 통념을 부정했다. 하늘은 자연의 일부분이며 정해진 자연법칙에 따라 운행하고 있다고 했다. 본문은 하늘과 인간의 관계를 분리하고 있다. 그래서 일식이나 월식을 두려운 현상으로 보던 신비주의, 미신의 관점을 배격했고 자연을 잘 이용하여 생산에 힘써야 한다고 주장했다. 순자가 하늘의 권위를 낮춘 것은 인간의 존엄성을 강조하는 논리로 이어진다. 순자는 인간이 "천하에서 가장 존귀(最爲天下貴)"한 존재라고 했다.

01 得意忘言(득의망언)

筌者所以在魚[1], 得魚而忘筌[2]. 蹄者所以在兎[3],
전 자 소 이 재 어   득 어 이 망 전   제 자 소 이 재 토

得兎而忘蹄. 言者所以在意[4], 得意而忘言.
득 토 이 망 제   언 자 소 이 재 의   득 의 이 망 언

吾安得夫忘言之人而與之言哉[5]!
오 안 득 부 망 언 지 인 이 여 지 언 재

『莊子・外物』
장 자   외 물

quán zhě suǒ yǐ zài yú, dé yú ér wàng quán. tí zhě suǒ yǐ zài tú,
dé tú ér wàng tí. yán zhě suǒ yǐ zài yì, dé yì ér wàng yán.
wú ān dé fū wàng yán zhī rén ér yǔ zhī yán zāi!

어휘 설명

1) 筌(전) : 통발. 물고기를 잡는 기구 | 者(자) : ~것 | 在(재) : ~에 있다 | 魚(어) : 물고기

2) 得(득) : 얻다 | 忘(망) : 잊다

3) 蹄(제) : 올가미, 올무 | 兎(토) : 토끼

4) 言(언) : 말 | 意(의) : 생각, 의미

5) 夫(부) : (발어사) 대저 | 與(여) : ~와 | 哉(재) : (감탄의 어감을 표현하는 어조사)

어법 설명

(1) 所以(소이)

　① (전치사) 도구, 수단, 방법, 원인, 목적 등을 나타낸다.

　　不患無位, 患所以立(불환무위 환소이립) 지위가 없음을 근심하지 말고, 지위에 설 수 있는 방법을 근심하라.

　② (접속사) 그러므로

　　酒本非禮, 所以不拜(주본비례, 소이불배) 술은 본래 예절에 어긋나므로 절하지 않은 것이다.

(2) 安(안)

　① 편안하다

　　居安思危(거안사위) 편안함에 거하여 위급함을 생각한다.

　② (의문사) 어디, 어찌

　　今蛇安在(금사안재) 지금 뱀은 어디에 있는가?

뜻을 얻으면 말을 잊는다

통발이란 고기를 잡는 도구이니, 고기를 잡으면 통발을 잊어버린다. 올가미란 토끼를 잡는 도구이니, 토끼를 잡으면 올가미를 잊어버린다. 말이란 의사를 파악하는 도구이니 뜻을 파악하면 말은 잊어버린다. 내가 어찌 해야 말을 초월한 사람을 만나 그와 말에 대해 이야기를 나눌 수 있으랴!

해 설

득의망언(得意忘言)이라는 이름으로 알려진 유명한 담론이다. 의(意)는 인간의 생각이고 언(言)은 언어, 문자이다. 도가(道家)는 전통적으로 인간의 이성과 인식은 한계가 있으며 완전하지 않다고 생각했다. 언어도 마찬가지다. 『노자』는 "말할 수 있는 도는 도가 아니다(道可道, 非常道)"라는 말로 시작한다. "아는 사람은 말하지 않으며, 말하는 사람은 알지 못한다(知者不言, 言者不知)"라는 말도 있다. 본문의 내용도 언어는 의사 전달의 도구일 뿐 그 자체가 목적이 아니기 때문에 언어와 문자에 집착하면 안 된다는 의미이다. 책은 언어와 문자를 통해 학문과 지식을 전달하는 매개이다. 그런데 언어와 문자를 신뢰할 수 없다면 학문과 지식도 인정할 수 없다. 그래서 장자는 책을 "옛사람의 찌꺼기"라고 폄하했다. 득의망언론은 학문과 지식을 부정하는 도가 사상의 근거가 된다.

02 吳起吮疽[1](오기연저)

卒有病疽者[2], 起爲吮之[3]. 卒母聞而哭之. 人曰, "子卒也,
졸 유 병 저 자   기 위 연 지   졸 모 문 이 곡 지   인 왈   자 졸 야

而將軍自吮其疽, 何哭爲?" 母曰, "非然也. 往年吳公吮其父,
이 장 군 자 연 기 저   하 곡 위   모 왈   비 연 야   왕 년 오 공 연 기 부

其父戰不旋踵[4], 遂死於敵[5]. 吳公今又吮其子,
기 부 전 불 선 종   수 사 어 적   오 공 금 우 연 기 자

妾不知其死所矣[6], 是以哭之[7]."
첩 부 지 기 사 소 의   시 이 곡 지

『史記 · 孫子吳起列傳』
사 기   손 자 오 기 열 전

zú yǒu bìng jū zhě, qǐ wèi shǔn zhī. zú mǔ wén ér kū zhī. rén yuē, "zǐ zú yě,
ér jiàng jūn zì shǔn qí jū, hé kū wéi?" mǔ yuē, "fēi rán yě. wǎng nián wú gōng shǔn qí fù,
qí fù zhàn bù xuán zhǒng, suí sǐ yú dí. wú gōng jīn yòu shǔn qí zǐ,
qiè bù zhī qí sǐ suǒ yǐ, shì yǐ kū zhī."

어휘 설명

1) 吳起(오기, B.C. 440~B.C. 381) : 인명. 전국 시대 초기의 위(衛)나라 출신 병법가. 일생 동안
   노(魯), 위(魏), 초(楚) 세 나라를 섬기면서 내정과 군사 두 방면에 모두 탁월한 성취를 이루었

다. | 吮(연) : 입으로 빨다 | 疽(저) : 등창, 악성 종기

2) 卒(졸) : 사졸, 졸병 | 病(병) : 병, 앓다

3) 爲(위) : ~에게

4) 戰(전) : 싸움, 전쟁 | 旋(선) : 돌리다 | 踵(종) : 발꿈치. 不旋踵(불선종)은 전쟁터에서 후퇴하
   지 않았음을 의미한다.

5) 遂(수) : 마치다, 마침내

6) 妾(첩) : (일인칭 대명사, 여성) 나 | 所(소) : 곳, 장소

7) 是以(시이) : 이로써, 이 때문에

어법 설명

爲(위)

    ① (wéi) 하다, 되다, 만들다, ~이다

        諸臣不知所爲(제신부지소위) 신하들이 어찌할 바를 몰랐다.

    ② (wèi) 위하다

        臣請爲王言樂(신청위왕언악) 신은 왕을 위해 음악에 대해 말씀드리길 청합니다.

우리말 해석

오기가 종기를 빨아주다

병졸 중에 악성 종기가 난 자가 있었는데, 오기가 그를 위하여 종기를 빨아주었다. 병졸의 모친이
그 소식을 듣고서 소리 내어 울었다. 사람들이 말했다. "아들이 졸병인데도 장군께서 몸소 아들의
종기를 빨아주었거늘 어찌하여 소리 내어 우는가?" 모친이 말했다. "그렇지 않습니다. 이전에 장
군께서 아이 아버지의 종기를 빨아주었더니 아이 아버지가 싸움터에 나가서 후퇴를 않고 전진하
다가 끝내 적에게 전사당했습니다. 오장군께서 또 다시 아들의 종기를 빨아주니 저는 아들이 어

디에서 죽을지 몰라서 이 때문에 우는 것입니다."

해 설

오기는 전국 시대 위(衛)나라 출신의 전략가로, 노나라, 위(魏)나라, 초나라를 돌며 요직에 등용
되어 능력을 발휘했다. 일생 동안 지휘한 전투에서 76전 64승 12무의 전적을 남겼다고 하며 『오
자병법(吳子兵法)』을 지었다. 성취욕과 능력이 탁월한 동시에 인품에 문제가 있다는 양면적인 평
가를 받는다. 제나라가 노나라를 공격했을 때 노나라 장수로 오기가 거론되었다. 하지만 아내가
제나라 사람이라는 점이 걸림돌이 되자 오기는 아내를 죽였다. 또 성공하기 전에는 고향에 돌아
가지 않겠다는 맹세를 지키기 위해 어머니의 장례에도 가지 않았다. 본문의 내용은 오기가 모범
적인 지휘관이라는 것을 보여주지만 그가 타인을 대하는 태도가 과연 진심에서 나온 것인지 의구
심이 들게 하는 일화이다.

제3절 한시 감상

「回鄕偶書[1] (회향우서)」

賀知章
하 지 장

少小離家老大回[2], 鄕音無改鬢毛衰[3].
소 소 리 가 노 대 회   향 음 무 개 빈 모 최

兒童相見不相識[4], 笑問客從何處來[5].
아 동 상 견 불 상 식   소 문 객 종 하 처 래

shào xiǎo lí jiā lǎo dà huí, xiāng yīn wú gǎi bìn máo cuī.
ér tóng xiāng jiàn bù xiāng shí, xiào wèn kè cóng hé chù lái.

어휘 설명

1) 偶書(우서) : (보고 느낀 것을) 문득 옮겨 쓰다

2) 少小(소소) : 어린 시절, 젊은 시절 | 老大(노대) : 노년

3) 鄕音(향음) : 사투리 | 鬢毛(빈모) : 귀밑머리 | 衰(최) : 줄어들다, 듬성듬성해지다

4) 相見(상견) : 만나다 | 相識(상식) : 알아보다

5) 笑(소) : 웃다 | 問(문) : 묻다

우리말 해석

고향에 돌아오는 길에 우연히 쓰다

어려서 집을 떠나 늙어서 돌아오니, 사투리 그대론데 귀밑머리 얼마 없네.

아이들이 날 보고서 알아보지 못하고, 손님께서 어디서 왔냐고 웃으며 묻네.

해 설

「회향우서」 하지장(659~744) : 성당 시인으로 어릴 때 시문에 뛰어나 널리 알려졌다. 평생 순탄한 관직 생활을 하다가 86세에 낙향했는데 50년 만의 귀향이었다. 칠언절구에 뛰어났으며 쉬운 표현으로 자연스럽고 친근한 풍격의 시를 잘 썼다. 천성이 얽매이길 싫어했으며 이백, 장욱(張旭) 등과 함께 어울려 자주 술을 마셨다. 술에 취해 시를 쓰는 일이 많아 사람들이 이들을 취중팔선(醉中八仙)이라고 불렀다. 글씨에도 뛰어나 초서, 예서가 유명했다.

「회향우서」는 두 편의 연작시인데 이 시는 첫 번째 작품이다. 슬프고 감격적인 상황을 유머러스하게 묘사했다. 衰는 '쇠할 쇠', '줄 최'의 두 가지 독음이 있는데 일반적으로 '최'로 읽는다. 제3구에서 相(상)은 '서로'라는 뜻이 있지만 해석하지 않는 것이 더 자연스럽다. 대상이 있는 상황에서 동사 앞에 습관적으로 붙이는 단어로 이해하는 것이 좋다.

刀(칼 도)와 관련된 글자

刀(칼 도)는 원래 무기를 가리키는 말이었는데 사물을 자르고 베는 도구를 폭넓게 지칭하는 말이 되었다. 갑골문의 刀(도) 자형은 하단이 손잡이 부분이고 상단이 칼날인데 刃(칼날 인)은 칼날 부분에 점을 찍어 칼날의 위치를 정확하게 표시했다. 忍(참을 인)은 참는다는 뜻이다. 참는다는 의미를 한자로 만들면서 刃(인)에 心(마음 심)을 결합한 것을 보면 '참는다'라는 것이 칼날 같은 단호함이 필요하다고 생각했던 것 같다. 分(나눌 분)은 칼이 어떤 물건을 두 개로 나누는 모습이다. 刀(도)를 부수로 쓸 때는 刂(도)를 쓰기 때문에 刂(도)가 들어가는 글자는 모두 자르고 나누는 것과 관련이 있다. 別(나눌 별)의 갑골문 자형을 보면 칼 옆에 뼈가 있다. 뼈에서 고기를 발라낸다는 뜻이다. 그래서 이별하다, 식별하다, 구별하다의 의미가 되었다. 利(날카로울 리)는 禾(벼화)와 칼의 결합이다. 칼로 벼를 베어 추수하는 것이라 '날카롭다'와 '이롭다'라는 이질적인 의미를 함께 갖게 되었다. 班(나눌 반)은 玉(구슬 옥)을 칼로 자르는 모습이다. 몇 학년 몇 반이라고 말할 때 이 글자를 쓴다. 인원을 나누었다는 의미이다.

刀 (칼 도)	忍 (참을 인)	別 (나눌 별)	利 (날카로울 리)

절구와 율시

중국 고전시의 출발은 『시경』이다. 대략 춘추 시대에 수집한 민간의 구전가요인데 대부분 4언시이다. 대체로 민중들의 생활상을 반영한 내용이고 구성이나 언어 형식이 소박하고 단순하다.

> 꽉꽉 우는 물수리, 강물 모래톱에 있네.
> 요조숙녀는 군자의 좋은 짝이라네.
> 關關雎鳩, 在河之洲(관관저구, 재하지주)
> 窈窕淑女, 君子好逑(요조숙녀, 군자호구)

시인들이 시 창작의 주체가 된 것은 위진 남북조 시대다. 5언시가 주류 장르가 되기 시작했고 지식인들의 고민과 생각이 시에 담겼다. 차분하고 정제된 감정, 화려한 언어와 수식, 세련된 형식미가 등장했다. ○○/○○○처럼 끊어 읽는 박자감이 형성되었고 중국어에 4성이 있다는 것을 발견하고 음률미를 만들기 시작했다. 그때는 4성을 평(平)-상(上)-거(去)-입(入)이라 불렀다. "연못엔 봄풀이 자라고 정원 버드나무엔 울던 새가 바뀌었네(池塘生春草, 園柳變鳴禽)"와 같이 대구를 맞추려는 의식도 생겼다.

고전시의 정형화 추세가 점차 고조되면서 당나라 때 절구(絶句), 율시(律詩)가 탄생했다. 당시의 대표 장르다. 절구는 4구로 된 시인데 1구씩 기-승-전-결의 역할을 한다. 1구의 글자 수는 5글자, 7글자 두 종류가 있어 5언절구, 7언절구라 부른다. 2구의 마지막 글자, 4구의 마지막 글자는 운(각운)을 맞춘다. 압운을 한다고도 부른다. 비슷한 발음의 글자로 마무리하는 것이다. 5언절구는 1구의 마지막 글자에 운을 맞추지 않아도 되지만 7언절구는 일반적으로 맞춘다.

율시는 8구로 된 시인데 2구씩 기-승-전-결의 역할을 한다. 1구의 글자 수는 5글자, 7글자 두 종류가 있어 5언율시, 7언율시라 부른다. 2구, 4구, 6구, 8구의 마지막 글자는 운(각운)을 맞춘다. 5언율시는 1구의 마지막 글자에 운을 맞추지 않아도 되지만 7언율시는 일반적으로 맞춘다.

음률미를 살리기 위해 평측에 대해 엄격한 규칙이 생겼다. 모든 글자를 평(平, 평평한 음)과 측(仄, 기울어진 음)으로 나누고 [평-평-측-측-평]처럼 일정한 음률의 패턴을 만든 것이다. 평성은 현대 중국어의 1,2성에 해당하고 측성은 현대 중국어의 3,4성과 입성이다. 입성은 종성이 [k,t,p] 발음으로 끝나는 글자다. 예를 들면 國(국), 入(입) 등이다.

평		측		
음평	양평	상	거	입[k,t,p]
1성	2성	3성	4성	1,2,3,4성

절구와 율시는 새로 나온 형식이라 근체시라 불렀다. 그러다보니 당시 이전의 시는 고체시, 줄여서 고시라고 부르게 되었다.

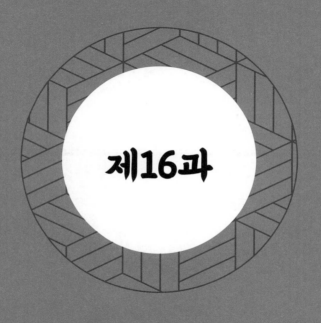

제16과

01

學而不思則罔[1], 思而不學則殆[2].
학 이 불 사 즉 망   사 이 불 학 즉 태

『論語 · 爲政』
논 어   위 정

xué ér bù sī zé wǎng, sī ér bù xué zé dài.

어휘 설명

1) 學(학) : 배우다 | 思(사) : 사고하다, 사색하다 | 罔(망) : 허망하다
2) 殆(태) : 위태롭다

어법 설명

則(칙, 즉)

① (칙) 법칙, 원칙

地不易其則(지불역기칙) 땅은 그 법칙을 바꾸지 않는다.

② (즉) (가정) ~하면 곧~

水至淸則無魚(수지청즉무어) 물이 너무 맑으면 물고기가 없다.

배우기만 하고 사고하지 않으면 허망하고, 사고만 하고 배우지 않으면 위태롭다.

학문을 할 때는 외부로부터 정보와 지식을 받아들이는 학(學)의 과정과 이를 깊이 사고하여 내화시키는 사(思)의 과정이 모두 필요하다. 배우는 것은 스승이 필요한 일이고 사고하는 것은 혼자 하는 일이다. 반드시 두 가지를 겸비해야 한다. 본문의 내용은 학문을 할 때 경계해야 할 두 가지 태도이다. ① 자신의 주관 없이 책 속의 이론과 지식만 맹신하는 태도, ② 눈과 귀를 닫고 오직 자신의 주관과 경험으로만 판단하는 태도. 전자는 허망하고 후자는 위험하다. 칸트가 말한 "내용 없는 사상은 공허하고 개념 없는 직관은 맹목적이다"라는 말과 일맥상통한다.

02

大凡物不得其平則鳴[1]. 草木之無聲[2], 風撓之鳴[3].
대 범 물 부 득 기 평 즉 명　　초 목 지 무 성　　풍 요 지 명

水之無聲, 風蕩之鳴[4].
수 지 무 성　　풍 탕 지 명

「送孟東野序」
송 맹 동 야 서

dà fán wù bù dé qí píng zé míng. cǎo mù zhī wú shēng, fēng náo zhī míng.
shuǐ zhī wú shēng, fēng dàng zhī míng.

어휘 설명

1) 物(물) : 사물, 만물 | 得(득) : 얻다 | 平(평) : 평온, 평정 | 鳴(명) : 울다
2) 聲(성) : 소리
3) 撓(요) : 휘젓다, 어지럽히다
4) 蕩(탕) : 요동치다, 흔들다

(1) 大凡(대범) : 발어사. 문두에 사용되어 뜻은 없다. 무릇, 대저라고 해석하기도 한다. 비슷한
용법으로 夫가 있다.

　　大凡生於天地之間者皆曰命(대범생어천지지간자개왈명) 무릇 천지간에 생겨난 것들을 모
　　두 명이라 말한다.

(2) 之(지)
　　① (지시 대명사) 그, 그것
　　　　學而時習之(학이시습지) 배우고 때때로 그것을 익힌다.
　　② (주격 조사) ~이(가)
　　　　富與貴是人之所欲也(부여귀시인지소욕야) 부유함와 존귀함은 사람들이 모두 바라는 바
　　　　이다.

우리말 해석

대저 만물은 평온함을 얻지 못하면 운다. 초목은 소리가 없지만 바람이 휘저어 운다. 물은 소리가
없지만 바람이 움직여 운다.

해 설

한유가 과거에 낙방하고 실의에 빠진 친구 맹교(孟郊)를 위로하기 위해 쓴 글이다. 세상의 모든 소
리는 내면의 평온함을 잃어 생긴다는 자연의 이치를 말하며 인생의 불우함 속에서 위대한 작품이
나온다는 불평즉명(不平則鳴) 이론을 제기했다. 중국문학사에서 한대 사마천의 발분저서(發憤著
書)론과 북송 구양수(歐陽修)의 궁이후공(窮而後工)론을 잇는 중요한 문학 이론이다.

03

"君何患焉¹⁾? 若闕地及泉²⁾, 隧而相見³⁾, 其誰曰不然?"
군 하 환 언　약 궐 지 급 천　수 이 상 견　기 수 왈 불 연

公從之⁴⁾.
공 종 지

『左傳 · 隱公元年』
좌 전　은 공 원 년

"jūn hé huàn yān? ruò què dì jí quán, suì ér xiāng jiàn, qí shuí yuē bù rán?"
gōng cóng zhī.

어휘 설명

1) 君(군): 임금 | 患(환): 근심, 근심하다
2) 若(약): 만약 | 闕(궐): 파다, 뚫다 | 及(급): 이르다 | 泉(천): 샘, 땅에서 솟는 물
3) 隧(수): 통로, 굴
4) 從(종): 따르다

然(연)

①　그렇다

　　不知其所以然(부지기소이연) 그렇게 되는 까닭은 알지 못한다.

②　옳다

　　吳廣以爲然(오광이위연) 오광은 옳다고 생각했다.

우리말 해석

"군께서는 무엇을 근심하십니까? 땅을 파 샘물에 이르게 하고 굴 속에서 만난다면 누가 그렇지 않다고 말하겠습니까?" 공이 그 말을 따랐다.

해 설

춘추 시대 정(鄭)나라 무공의 비 무강은 차례로 오생(寤生), 단(段)을 낳았으나 형 오생보다 아우 단을 편애했다. 후에 오생이 제위에 올라 장공(莊公)이 되었으나 아우 단(段)은 어머니 무강과 호응하여 반란을 일으키고 본국을 공격하려 했다. 장공은 군사를 일으켜 단을 치고 반란을 진압했다. 단의 봉읍이었던 경성 사람들도 단을 비난했다고 한다. 장공은 황천에 가기 전에는 모친을 만나지 않겠다고 선언했으나 세월이 흐르자 이를 후회했다. 결국 신하 영고숙(潁考叔)이 본문의 말로 모자 사이를 화해시켰다.

04

魏徵若在[1], 不使我有是行也[2].
위 징 약 재   불 사 아 유 시 행 야

『資治通鑑 · 唐紀』
자 치 통 감   당 기

wèi zhēng ruò zài, bù shǐ wǒ yǒu shì xíng yě.

어휘 설명

1) **魏徵**(위징, 580~643): 인명. 당나라의 정치가로 당 태종을 보좌하여 당나라의 전성기를 이 끌었다. | **若**(약): 만약 | **在**(재): 있다
2) **是**(시): 이, 이것 | **行**(행): 행동, 행위

어법 설명

使(사): (사역) ~에게 ~시키다. '使+대상+행위'의 어순으로 구성된다. 비슷한 용법으로 令(하 여금 령), 敎(하여금 교)가 있다.

其母後使女問父(기모후사녀문부) 모친은 후에 딸을 시켜 부친에게 물어보게 했다.

위징이 만약 있었다면 내가 이런 행동을 하도록 하지 않았을 것이다.

해 설

당 태종 이세민(李世民, 598~649)이 즉위하기 전 위징은 반대파인 형 이건성의 수하에 있었는데 항상 이세민을 제거해야 한다고 간언했다. 이세민은 현무문의 변을 일으켜 황태자였던 형을 살해하고 제위에 올랐다. 태종은 위징을 죽이지 않고 그의 충직함을 높이 사 요직에 임명했다. 위징은 태종의 격노에도 굴하지 않고 목숨을 걸고 충언를 했다. 그가 죽자 태종은 유익한 세 개의 거울 중 하나를 잃었다며 통곡했다고 한다. 본문의 내용은 위징이 죽은 뒤 태종이 고구려 원정에 실패하고 후회하는 내용이다.

01   顧而言他(고이언타)

孟子見齊宣王曰[1], "王之臣, 有託其妻子於其友[2],
맹 자 현 제 선 왕 왈   왕 지 신   유 탁 기 처 자 어 기 우

而之楚遊者[3]. 比其反也[4], 則凍餒其妻子[5], 則如之何[6]?"
이 지 초 유 자   비 기 반 야   즉 동 뇌 기 처 자   즉 여 지 하

王曰, "棄之[7]." 曰, "士師不能治士[8], 則如之何?" 王曰, "已之[9]."
왕 왈   기 지   왈   사 사 불 능 치 사   즉 여 지 하   왕 왈   이 지

曰, "四境之內不治[10], 則如之何?" 王顧左右而言他[11].
왈   사 경 지 내 불 치   즉 여 지 하   왕 고 좌 우 이 언 타

『孟子 · 梁惠王下』
맹 자   양 혜 왕 하

mèng zǐ xiàn qí xuān wáng yuē, "wáng zhī chén, yǒu tuō qí qī zǐ yú qí yǒu,
ér zhī chǔ yóu zhě. bǐ qí fǎn yě, zé dòng něi qí qī zǐ, zé rú zhī hé?"
wáng yuē, "qì zhī." yuē, "shì shī bù néng zhì shì, zé rú zhī hé ?" wáng yuē, "yǐ zhī."
yuē, "sì jìng zhī nèi bú zhì, zé rú zhī hé?" wáng gù zuǒ yòu ér yán tā.

1) 見(현) : 뵙다, 알현하다

2) 託(탁) : 맡기다, 부탁하다

3) 之(지) : 가다 | 楚(초) : 지명, 초나라 | 遊(유) : 놀다

4) 比(비) : 미치다, 이르다 | 反(반) : 되돌아오다. 돌아올 返(반)과 같다.

5) 凍餒(동뇌) : 헐벗고 굶주리게 하다

6) 如之何(여지하) : 그를 어떻게 하겠느냐

7) 棄(기) : 버리다

8) 士師(사사) : 고대의 사법관 | 治(치) : 다스리다 | 士(사) : 하급 관리, 부하

9) 已(이) : 그만두다

10) 四境之內(사경지내) : 사방 국경의 안쪽, 곧 나라 안

11) 顧(고) : 돌아보다 | 左右(좌우) : 주위 | 他(타) : 다른 것

(1) 有(유)~者(자) : ~하는 자가 있다

　　齊人有欲得金者(제인유욕득금자) 제나라 사람 중에 금을 욕심내는 자가 있었다.

(2) 如何(여하)

　　① 어찌, 어떻게

　　伐柯如何(벌가여하) 도끼자루 베는 일을 어떻게 할까?

　　② 목적어가 대명사일 때는 如와 何 사이에 목적어를 둔다. 비슷한 용법으로 若何(약하), 奈何(내하)가 있다.

　　其事將如之何(기사장여지하) 그 일을 장차 어떻게 할 것인가?

돌아보며 다른 말을 하다

맹자가 제나라 선왕을 알현하고 말했다. "왕의 신하 중에 자기 아내와 자식을 친구에게 맡기고 초나라로 놀러 간 자가 있었습니다. 돌아오니 자기 아내와 자식을 헐벗고 굶주리게 했다면 그를 어떻게 합니까?" 왕이 말했다. "버립니다." 맹자가 말했다. "사법관이 부하를 잘 관리하지 못하면 어떻게 합니까?" 왕이 말했다. "그만두게 합니다." 맹자가 말했다. "나라 안이 잘 다스려지지 않으면 어떻게 합니까?" 왕이 고개를 좌우로 돌리면서 다른 말을 했다.

해 설

맹자의 정치적 이상은 도덕과 민본주의에 기반을 둔 왕도(王道) 정치이다. 본문은 맹자가 제나라 선왕에게 왕도 정치의 필요성을 역설했지만 받아들여지지 않자 비유와 논변을 통해 왕을 굴복시키는 내용이다. 맹자는 군주가 백성들에게 최소한의 의식주를 해결해주지 못한다면 군주의 자격이 없는 것이고 이런 군주는 바꾸어야 한다고 했다. 이를 역성혁명론이라고 한다.

02 羽衣女(우의녀)

豫章新喻縣男子[1], 見田中有六七女, 皆衣毛衣[2], 不知是鳥.
예 장 신 유 현 남 자 　 견 전 중 유 육 칠 녀 　 개 의 모 의 　 부 지 시 조

匍匐往[3], 得其一女所解毛衣[4], 取藏之[5], 即往就諸鳥[6].
포 복 왕 　 득 기 일 녀 소 해 모 의 　 취 장 지 　 즉 왕 취 제 조

諸鳥各飛去, 一鳥獨不得去. 男子取以爲婦[7]. 生三女,
제 조 각 비 거 　 일 조 독 부 득 거 　 남 자 취 이 위 부 　 생 삼 녀

其母後使女問父, 知衣在積稻下[8], 得之, 衣而飛去.
기 모 후 사 녀 문 부 　 지 의 재 적 도 하 　 득 지 　 의 이 비 거

『搜神記』
수 신 기

yù zhāng xīn yù xiàn nán zǐ, jiàn tián zhōng yǒu liù qī nǔ, jiē yī máo yī, bù zhī shì niǎo.
pú fú wǎng, dé qí yī nǔ suǒ jiě máo yī, qǔ cáng zhī, jí wǎng jiù zhū niǎo.
zhū niǎo gè fēi qù, yì niǎo dú bù dé qù. nán zǐ qǔ yǐ wéi fù. shēng sān nǔ,
qí mǔ hòu shǐ nǔ wèn fù, zhī yī zài jī dào xià, dé zhī, yī ér fēi qù.

어휘 설명

1) 豫章(예장), 新喻縣(신유현) : 지명. 지금의 강서(江西)성 신여(新余)시 일대라고 한다.

2) 皆(개) : 모두 ┃ 衣(의) : 옷, 입다 ┃ 毛衣(모의) : 털옷

3) 匍匐(포복) : 기다 ┃ 往(왕) : 가다

4) 所(소) : ~하는 바 | 解(해) : 풀다, 벗다

5) 取(취) : 취하다 | 藏(장) : 감추다

6) 卽(즉) : 곧, 곧장 | 就(취) : 나아가다 | 諸(제) : 여러

7) 婦(부) : 아내

8) 積(적) : 쌓다 | 稻(도) : 벼, 볏단

어법 설명

(1) 以爲(이위)

　① ~로 삼다. 以之爲(이지위)의 축약형

　　必以爲殉(필이위순) 반드시 그를 순장인으로 삼아라.

　② ~라고 여기다(생각하다)

　　自以爲是(자이위시) 스스로 옳다 여기다.

(2) 使(사) : (사역) ~에게 ~시키다. '使+대상+행위'의 어순으로 구성된다. 비슷한 용법으로 令 (하여금 령), 敎(하여금 교)가 있다.

　　使子路問之(사자로문지) 자로에게 물어보게 했다.

(3) 諸(제, 저)

　① (제) 모든, 여러

　　諸兒競走取之(제아경주취지) 아이들이 다투어 달려가 취했다.

　② (저) 之於(지어)의 축약형. 이때 之(지)는 주로 지시 대명사이므로 '~에 그를', '~에서 그 를' 등으로 해석된다.

　　反求諸己(반구저기) 돌이켜 자기에게서 그것을 구하다.

우의녀

예장 신유현에 한 남자가 밭에 예닐곱 명의 여자가 있는 것을 보았다. 모두 털옷을 입고 있었는데 그들이 새라는 것은 알지 못했다. 기어가서 한 여자가 벗어놓은 털옷을 가져와 감추고 곧장 새들에게 다가갔다. 새들은 각자 날아가고 한 마리만 가지 못했다. 남자는 그를 취하여 아내로 삼았다. 딸을 셋 낳은 후 그 모친이 딸을 시켜 아버지에게 물어보게 하여 옷이 볏단 아래에 있음을 알고 가져와 입고 날아갔다.

해 설

『수신기』: 동진 춘추 시대 간보(干寶)가 당시 떠도는 이야기를 기록한 지괴소설집으로 귀신이나 신선 등 기괴한 내용이 많이 수록되어 있다. 대체로 분량이 짧고 줄거리가 단순하며 고대 신화소설의 기원으로 평가받는다. 본문의 내용은 우리에게 선녀와 나무꾼으로 알려진 이야기이다. 한국의 이야기에는 사슴이 나무꾼에게 은혜를 갚는다거나, 나무꾼이 천상에 따라갔다가 어머니가 보러 왔다는 등 보은(報恩), 효(孝)와 같은 한국적 요소가 첨가되었다.

「送友人(송우인)」

李白
이 백

靑山橫北郭[1], 白水繞東城[2].
청 산 횡 북 곽　　백 수 요 동 성

此地一爲別[3], 孤蓬萬里征[4].
차 지 일 위 별　　고 봉 만 리 정

浮雲遊子意[5], 落日故人情[6].
부 운 유 자 의　　낙 일 고 인 정

揮手自玆去[7], 蕭蕭班馬鳴[8].
휘 수 자 자 거　　소 소 반 마 명

qīng shān héng běi guō, bái shuǐ rào dōng chéng.
cǐ dì yī wéi bié, gū péng wàn lǐ zhēng.
fú yún yóu zǐ yì, luò rì gù rén qíng.
huī shǒu zì zī qù, xiāo xiāo bān mǎ míng.

1) 橫(횡) : 가로, 가로지르다 ▮ 郭(곽) : 성곽, 외성(外城)

2) 白水(백수) : 맑은 강물 ▮ 繞(요) : 돌다, 돌아 흐르다

3) 此(차) : 이, 이것, 여기 ▮ 別(별) : 이별, 작별

4) 孤蓬(고봉) : 외로이 휘날리는 망초 ▮ 征(정) : 먼 길을 떠나다

5) 浮雲(부운) : 뜬구름 ▮ 遊子(유자) : 나그네 ▮ 의(意) : 생각, 마음

6) 落日(낙일) : 석양 ▮ 故人(고인) : 친구

7) 揮(휘) : 흔들다 ▮ 自(자) : ~로부터 ▮ 茲(자) : 이, 이것, 여기 ▮ 去(거) : 가다

8) 蕭蕭(소소) : (의성어) 말이 우는 소리 ▮ 班馬(반마) : 서로 떨어지는 말 ▮ 鳴(명) : 울다

벗을 보내다

푸른 산은 성곽 북쪽에 가로눕고, 맑은 강은 성곽 동쪽을 감돈다.

여기에서 한 번 이별하면, 홀로 외로운 망초처럼 만 리를 떠돌리라.

뜬구름은 나그네의 마음이요, 떨어지는 해는 보내는 친구의 정일세.

손을 흔들며 이제 훌쩍 떠나가니, 헤어지는 말들도 쓸쓸히 운다.

「송우인」 이백(701~762) : 성당의 천재 시인. 자(字)가 태백(太白)이며 시선(詩仙)이라는 별칭이 있다. 두보와 함께 당시의 최고봉으로 평가를 받는다. 자유분방한 성격으로 친구와의 교유를 중시했다. 현종의 총애를 받아 잠시 관직에 있었으나 황실 측근들과의 마찰로 장안을 떠나 유랑했다. 개성이 강한 낭만파 시인으로 술에 취해 일필휘지(一筆揮之)로 명시를 남긴 일화가 많다. 과장과 상상이 뛰어나고 강한 즉흥성과 자연미의 시풍으로 평가받는다.

제1구와 제2구의 대구가 치밀하다. 색채감도 좋지만 산은 직선의 이미지인 橫(횡)으로, 물은 곡선의 이미지인 繞(요)로 묘사한 점이 뛰어나다. 제5구와 제6구의 비유도 좋다. 뜬구름은 떠나는 친구를 비유했고 지는 해는 남는 자신을 비유했다. 구름은 흘러가도 해는 다시 뜨기 때문일 것이다. 제8구는 친구와 자신의 말들이 서로 헤어지며 아쉬워 운다는 의미이다. 며칠간 함께 다니며 말들끼리 깊은 정이 들었던 모양이다. 오랜 친구와 작별하는 자신의 슬픔은 더욱 깊다는 말이다.

人(사람 인)과 관련된 글자

天(하늘 천)은 하늘을 뜻한다. 갑골문 자형은 서 있는 사람의 머리 위에 가로로 선을 그은 모양이다. 하늘을 그림으로 개념화하면서 사람과 연관 지어 표현한 사고방식이 놀랍다. 여기서 서 있는 사람의 모습은 大(큰 대)가 되었다. 立(설 립)은 天(천)과 반대로 서 있는 사람의 발 아래에 가로로 선을 그었다. 땅을 딛고 서 있다는 의미이다. 夫(지아비 부)는 '성인 남자, 남편'이라는 뜻인데 관례를 치르고 머리에 비녀를 꽂은 모습이다. 夭(일찍 죽을 요)는 사람의 머리가 비뚤어져 있는 모습이다. 제 명대로 살다 죽었다면 누워서 죽었을 것인데 이 사람은 서 있다. 요절(夭折)이라는 단어에 이 글자를 쓴다. 人(사람 인)은 이 글자들과 다르게 서 있는 사람을 측면으로 그렸다. 化(화할 화)는 서 있는 사람을 그리고 그 옆에 반대 방향의 사람을 하나 더 그렸다. 서 있는 사람과 누워 있는 사람이다. 살아 있는 사람과 죽은 사람을 뜻한다. '변화한다, 바뀐다'의 의미를 삶과 죽음으로 표현했다. 철학적이다.

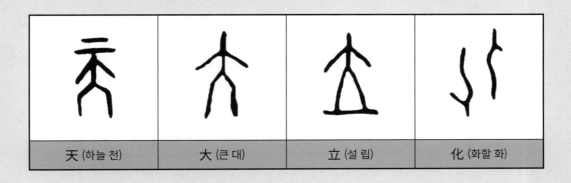

天 (하늘 천)	大 (큰 대)	立 (설 립)	化 (화할 화)

맹자의 역성혁명론

맹자는 정치를 왕도와 패도로 구분한다. 왕도 정치는 인덕을 베풀어 백성들이 진심으로 따르게 만드는 정치이고 패도 정치는 힘으로 눌러 굴복시키는 정치이다. "인자무적(仁者無敵)"은 맹자의 말이다. 맹자는 인간이라면 누구나 불인지심(不忍之心, 남의 불행을 차마 보지 못하는 마음)이 있으니 어떤 군주라도 왕도 정치가 가능하다고 주장했다. 현실적으로 세금과 형벌, 부역을 백성의 입장에서 고려해야 한다는 것이다.

맹자는 "항산(恒産 : 일정 정도의 재산)이 있어야 항심(恒心 : 일정 수준의 애국심, 시민 의식 등의 마음)이 있다"라고 했다. 또 이런 말도 했다. "어진 정치는 토지의 경계를 정하는 데에서 시작해야 한다." 왕도 정치가 실현되기 위해서는 백성들이 편안하게 생업에 종사해야 하고 최소한의 경제적 조건을 갖춰야 한다는 것이다. 인간으로서의 양심과 도덕도 최소한의 의식주가 해결된 후에야 가능하다. 현대적인 개념으로 보자면 복지를 말한다. 이는 맹자의 사상이 공허한 이상주의가 아니라 현실을 직시하고 있음을 보여준다.

> 백성이 귀하고 사직이 다음이며 왕은 가볍다.
> (民爲貴, 社稷次之, 君爲輕 민위귀, 사직차지, 군위경)

맹자는 어진 정치를 실천하지 못하는 군주라면 권력을 교체해도 된다는 역성혁명론을 펼쳤다. 역성(易姓)은 '왕조의 성을 바꾼다'라는 말이니 당시로서는 대단히 급진적인 혁명론이다.

제 선왕이 맹자에게 하나라, 은나라는 쿠데타로 망했는데 신하가 군주를 시해해도 되는지 물었던 적이 있다. 유가 사상에서 말하는 충(忠)의 개념과 충돌한다는 비판이었다. 맹자는 이렇게 답했다. "인(仁)을 해치는 자를 적(賊)이라 하고 의(義)를 해치는 자를 잔(殘)이라 하며 잔적(殘賊)한 사람을 일부(一夫)라 하는데 일부인 주(紂, 은나라 마지막 군주였던 폭군)를 죽였다는 말은 들었지만 군주를 시해했다는 말은 듣지 못했습니다." 백성을 위한 정치를 하지 못한다면 이미 군주의 자격을 상실했기 때문에 그를 제거해도 된다는 것이다. 맹자는 하늘이 백성을 내리고, 또 백성을 위해 군주를 내렸다는 『상서』의 말을 신봉했다. 은나라의 주 임금이 폭정을 하자 의로운 무왕이 용기를 내어 주를 멸하고 천하의 백성을 편하게 했다는 것이 왕조 교체를 보는 맹자의 시각이다. 동아시아의 전통적 천명관이다. 천자가 하늘로부터 권력을 부여받는 것은 하늘을 대신해 백성을 다스리기 때문이다. 천(天)-군(君)-민(民)의 시스템이다. 천명이 백성에게 미치지 못한다면 중간 단계인 군주를 교체해야 한다. 맹자는 민의를 통해 천명을 알 수 있다고 생각했다.

권력자의 입장에서는 매우 위험한 사상이었기 때문에 명나라 태조 주원장은 『맹자』를 금서로 지정하고 과거에서 『맹자』를 빼라고 명하기도 했다. 그러나 신하들의 반대로 1/3쯤 줄여서 『맹자절문』을 편집하여 과거 시험용으로 배포했다. 반면 이성계의 건국을 도왔던 정도전의 이상은 조선을 맹자의 사상이 구현된 국가로 만드는 것이었다.

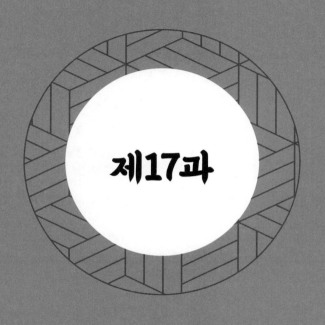

제17과

01

生亦我所欲也¹⁾, 義亦我所欲也²⁾. 二者不可得兼³⁾,
생 역 아 소 욕 야   의 역 아 소 욕 야   이 자 불 가 득 겸

舍生而取義者也⁴⁾.
사 생 이 취 의 자 야

『孟子 · 告子上』
맹 자   고 자 상

shēng yì wǒ suǒ yù yě, yì yì wǒ suǒ yù yě. èr zhě bù kě dé jiān,
shě shēng ér qǔ yì zhě yě.

어휘 설명

1) 生(생): 삶, 생존 | 欲(욕): 바라다

2) 義(의): 의로움, 정의

3) 兼(겸): 겸하다

4) 舍(사): 버리다. 捨(버릴 사)와 같다.

所(소)

① 장소

安身之所(안신지소) 몸을 편히 둘 곳.

② 所+동사 : ~하는 바

一無所知(일무소지) 하나도 아는 바가 없다.

우리말 해석

삶도 내가 바라는 바이고 의로움도 내가 바라는 바이지만, 둘을 동시에 얻을 수 없다면 삶을 버리고 의로움을 취하겠다.

해 설

공자 사상의 핵심을 인(仁)이라 한다면 맹자 사상의 핵심은 인의(仁義)이다. 사회적 정의로움이라는 요소가 추가되었다. 맹자는 생과 의를 놓고 선택해야 한다면 의를 선택한다고 했다. 여기에서 "사생취의(捨生取義)"라는 성어가 나왔다. 비슷한 의미로 공자는 "살신이성인(殺身以成仁)"이라고 했다. 본문의 내용은 "물고기〔魚〕도 내가 바라는 바이고 곰 발바닥〔熊掌〕도 내가 바라는 바이지만, 둘을 동시에 얻을 수 없다면 물고기보다는 곰 발바닥을 취하겠다"라는 구절에 이어지는 말이다.

02

客曰[1], "聞王購子頭千金[2], 將子頭與劍來[3], 爲子報之[4]."
객 왈   문 왕 구 자 두 천 금   장 자 두 여 검 래   위 자 보 지

兒曰, "幸甚[5]!"
아 왈   행 심

『搜神記』
수 신 기

kè yuē, "wén wáng gòu zǐ tóu qiān jīn, jiāng zǐ tóu yǔ jiàn lái, wèi zǐ bào zhī."
ér yuē, "xìng shèn!"

어휘 설명

1) 客(객) : 나그네. 이 이야기에서는 협객이다.

2) 聞(문) : 듣다 | 購(구) : 사다 | 子(자) : (2인칭) 너, 그대, 자네 | 頭(두) : 머리

3) 與(여) : ~와 | 劍(검) : 검, 칼

4) 爲(위) : 위하여 | 報(보) : 보답하다, 보복하다

5) 幸(행) : 다행, 행복 | 甚(심) : 심하다

將(장)

① 장차, 곧

鳥之將死(조지장사) 새가 곧 죽으려고 한다.

② 장수, 거느리다

其馬將胡駿馬而歸(기마장호준마이귀) 그 말은 오랑캐의 준마를 이끌고 돌아왔다.

③ 갖다, 취하다

將雌劍往(장자검왕) 자검을 갖고 가다.

우리말 해석

나그네가 말했다. "왕이 그대의 머리를 천금에 산다고 들었다. 그대의 머리와 칼을 가져오면 그대를 위해 복수하겠다." 아이가 말했다. "심히 다행입니다!"

해 설

「간장막야(干將莫耶)」라는 제목으로 유명한 이야기다. 간장과 아내 막야는 초나라 왕의 명으로 천하의 명검을 제조했는데 한 자루를 더 만들어 숨겨두었다. 간장은 "문을 나서 남산을 바라보면 소나무가 돌 위에 있고 검은 그 등에 있다(出戶望南山, 松生石上, 劍在其背)"라는 말을 남기고 검을 바치러 갔다가 왕에게 살해되었다. 간장이 죽은 후 막야는 아들 적비를 낳는다. 적비는 장성하여 검을 찾고 협객의 도움으로 아버지의 원수를 갚는다. 이 이야기를 원형으로 후대에 많은 유사한 구조의 이야기가 탄생했다.

03

未知生¹⁾, 焉知死²⁾.
미 지 생　　언 지 사

『論語 · 先進』
논 어　　선 진

wèi zhī shēng, yān zhī sǐ.

어휘 설명

1) 未(미) : ~아니다 | 生(생) : 삶
2) 死(사) : 죽음

어법 설명

焉(언)

① (의문사) 어찌, 어떻게

　焉避害(언피해) 어떻게 해를 피할 수 있겠소?

② 於之(어지)의 축약어

　三人行, 必有我師焉(삼인행 필유아사언) 세 사람이 길을 가면 거기에 반드시 나의 스승
　이 있다.

삶도 알지 못하는데 어찌 죽음을 알랴.

제자 자로(子路)가 귀신을 섬기는 일에 대해 묻자 공자는 "사람을 섬기는 일도 하지 못하는데 어찌 귀신을 섬기겠는가?"라고 했다. 자로가 다시 죽음에 대해 묻자 공자는 본문의 내용과 같이 대답했다. 공자는 사후 세계나 영혼처럼 신비주의적이고 초현실적인 문제를 철저히 배격했고 인간의 도덕과 제도, 문화 등과 같은 현실적 문제에 관심을 집중했다. 유가 철학의 성격을 현세주의라고 말하는 이유이다. 이러한 현세주의는 개인과 개인의 관계, 개인과 사회의 관계를 중시하는 동아시아 문화의 형성에 큰 영향을 주었다.

04

是馬也¹⁾, 雖有千里之能²⁾, 食不飽³⁾, 力不足, 才美不外見⁴⁾.
시 마 야   수 유 천 리 지 능   식 불 포   역 부 족   재 미 불 외 현

『雜說』
잡 설

shì mǎ yě, suī yǒu qiān lǐ zhī néng, shí bù bǎo, lì bù zú, cái měi bú wài xiàn.

어휘 설명

1) 是(시) : 이
2) 雖(수) : 비록 ~ㄹ지라도 ┃ 能(능) : 능력
3) 飽(포) : 배부르다
4) 才美(재미) : 재능과 미덕 ┃ 見(현) : 나타나다

어법 설명

是(이 시)

① 이, 이것. 此(차)와 같다.

　　吾黨之直者異於是(오당지직자이어시) 우리 마을의 정직은 이와 다르다.

② 옳다

　　是非之心, 人皆有之(시비지심, 인개유지) 옳고 그름을 따지는 마음을 사람은 모두 갖고 있다.

③ ~이다

問今是何世(문금시하세) 지금이 어느 시대인지 물었다.

우리말 해석

이 말이 비록 천 리를 달리는 능력이 있다 하더라도 배부르게 먹지 못하면 힘이 부족하여 재주의
훌륭함이 밖으로 드러나지 않는다.

해 설

『잡설』: 중당 시기의 대문호 한유(韓愈, 768~824)가 쓴 논설문. 한유는 "文以載道(문이재도, 글
로 성인의 도를 전달해야 한다)"를 주장하며 고문 운동을 이끌었고 당송 팔대가의 한 사람이기도
하다. 『잡설』은 네 편의 산문으로 이루어졌는데 본문은 그 중 「馬說(마설)」의 일부이다. 천 리를
달리는 천리마라도 그를 알아주는 백락(伯樂)이 없다면 나귀, 노새와 다를 바 없다. 그저 소금이
나 나르다가 마구간에서 죽어갈 뿐이다. 이 글은 뛰어난 인재가 학식과 능력을 갖추고도 등용되
지 못하는 현실을 한탄하고 있다.

01 斥鴳笑鵬(척안소붕)

有鳥焉, 其名爲鵬, 背若泰山[1], 翼若垂天之雲[2].
유 조 언　기 명 위 붕　배 약 태 산　익 약 수 천 지 운

搏扶搖羊角而上者九萬里[3], 絶雲氣[4], 負靑天[5], 然後圖南[6],
단 부 요 양 각 이 상 자 구 만 리　절 운 기　부 청 천　연 후 도 남

且適南冥也[7]. 斥鴳笑之曰[8], "彼且奚適也?[9] 我騰躍而上[10],
차 적 남 명 야　척 안 소 지 왈　피 차 해 적 야　아 등 약 이 상

不過數仞而下[11], 翶翔蓬蒿之間[12], 此亦飛之至也[13]."
불 과 수 인 이 하　고 상 봉 호 지 간　차 역 비 지 지 야

"而彼且奚適也?" 此小大之辯也[14].
이 피 차 해 적 야　차 소 대 지 변 야

『莊子·逍遙遊』
장 자　　소 요 유

yǒu niǎo yān, qí míng wéi péng, bēi ruò tài shān, yì ruò chuí tiān zhī yún.
tuán fú yáo yáng jiǎo ér shàng zhě jiǔ wàn lǐ, jué yún qì, fù qīng tiān, rán hòu tú nán,
qiě shì nán míng yě. chì yàn xiào zhī yuē, "bǐ qiě xī shì yě? wǒ téng yuè ér shàng,
bú guò shǔ rèn ér xià, áo xiáng péng hāo zhī jiān, cǐ yì fēi zhī zhì yě."
ér bǐ qiě xī shì yě? "cǐ xiǎo dà zhī biàn yě"

1) 背(배) : 등 ┃ 若(약) : ~와 같다 ┃ 泰山(태산) : 태산

2) 翼(익) : 날개 ┃ 垂(수) : 드리우다 ┃ 雲(운) : 구름

3) 搏(단) : 둘레를 돌다 ┃ 扶搖(부요) : 폭풍의 이름 ┃ 羊角(양각) : 회오리치다

4) 絶(절) : 자르다

5) 負(부) : 등지다

6) 然後(연후) : 연후에 ┃ 圖(도) : 도모하다, 계획하다

7) 且(차) : 또 ┃ 適(적) : 가다 ┃ 南冥(남명) : 바다의 이름

8) 斥(척) : 작은 연못 ┃ 鴳(안) : 메추라기, 뱁새

9) 彼(피) : 저 ┃ 奚(해) : 어디, 무엇, 어째서

10) 騰躍(등약) : 뛰어오르다

11) 不過(불과) : ~에 불과하다 ┃ 仞(인) : 길이의 단위

12) 翺翔(고상) : 날아다니다 ┃ 蓬蒿(봉호) : 쑥

13) 此(차) : 이 ┃ 亦(역) : 또, 역시 ┃ 至(지) : 지극하다

14) 辯(변) : 辨(변)과 같다. 분별, 분별하다.

어법 설명

(1) 若

① ~와 같다

人生若夢(인생약몽) 인생은 꿈과 같다.

② 만약

魏徵若在(위징약재) 위징이 만약 있었다면

③ (2인칭) 너, 그대

若爲傭耕, 何富貴也(약위용경 하부귀야) 당신은 품팔이 농사를 하면서 어떻게 부귀해지겠는가?

(2) **適**(적)

① 가다

適彼樂土(적피낙토) 저 낙토로 간다.

② 즐겁다

向晩意不適(향만의부적) 저녁 무렵 마음이 울적하다.

메추라기가 붕을 비웃다

그곳에 새가 있는데 그 이름은 붕이다. 등은 태산과 같고 날개는 하늘에 드리운 구름과 같다. 날 갯짓으로 회오리바람을 일으켜 구만리나 솟아오른다. 구름 위로 솟구쳐 창공을 등진 후 남쪽을 도모하여 다시 남명으로 날아간다. 메추라기가 비웃으며 말했다. "저놈은 대체 어디로 가는 것일 까? 나는 힘껏 날아올라도 몇 길 지나지 않아 다시 떨어져 쑥대밭 사이를 날아다닐 뿐인데 이 역 시 내가 날 수 있는 최고치이다." "그런데 저놈은 대체 어디로 가는 것일까?" 이것이 크고 작은 경 지의 차이이다.

「소요유」는 『장자』의 첫 번째 편장이다. 본문에는 인간의 상상력을 초월하는 엄청난 크기의 붕새 가 등장한다. "붕정만리(鵬程萬里)"라는 성어가 여기서 나왔다. 그러나 이 붕새도 하늘의 큰 바람 이 있어야 날아오를 수 있다. 아직은 불완전한 자유이다. 작은 메추라기는 제한된 현실 속에서 전 전긍긍하는 존재이다. 붕새의 높은 경지를 이해하지 못하는 낮은 수준의 인생관을 표현하기 위 해 등장했다. 「소요유」 편은 풍부한 상상력과 생생한 묘사로 절대 자유를 추구하는 인생관을 설 파한다.

02 白癡惠帝(백치혜제)

帝嘗在華林園[1], 聞蝦蟆聲[2], 謂左右曰, "此鳴者爲官乎[3],
제 상 재 화 림 원　　문 하 마 성　　위 좌 우 왈　　차 명 자 위 관 호

私乎[4]?" 或對曰, "在官地爲官, 在私地爲私." 及天下荒亂[5],
사 호　　　혹 대 왈　　재 관 지 위 관　　재 사 지 위 사　　급 천 하 황 란

百姓餓死[6], 帝曰, "何不食肉糜[7]?"
백 성 아 사　　제 왈　　하 불 식 육 미

『晉書 · 惠帝紀』
진 서　　혜 제 기

dì cháng zài huá lín yuán, wén xiā má shēng, wèi zuǒ yòu yuē, "cǐ míng zhě wèi guān hū, sī hū?"
huò duì yuē, "zài guān dì wèi guān, zài sī dì wèi sī." jí tiān xià huāng luàn, bǎi xìng è sǐ, dì yuē, "hé bù shí ròu mí?"

어휘 설명

1) 帝(제) : 혜제. 서진 2대 황제 사마충을 말한다. | 嘗(상) : 일찍이 |

　華林園(화림원) : 황궁 내 정원의 이름

2) 聞(문) : 듣다 | 蝦蟆(하마) : 개구리, 두꺼비 등 양서류의 총칭 | 聲(성) : 소리

3) 此(차) : 이 | 鳴(명) : 울다 | 爲(위, wèi) : 위하다 | 官(관) : 관가

4) 私(사) : 사가, 민간

5) 及(급) : 미치다 | **荒亂**(황란) : 흉년과 난리

6) **餓死**(아사) : 굶어 죽다

7) **肉糜**(육미) : 고기죽

어법 설명

(1) 乎(호)

    ① ~에, ~에서, ~에게

      生乎楚, 長乎楚(생호초, 장호초) 초나라에서 태어나 초나라에서 자랐다.

    ② (비교) ~보다

      固先乎吾(고선호오) 진실로 나보다 앞선다.

    ③ 문미에 사용하여 문장을 의문문으로 만든다. 현대 중국어의 吗와 같다.

      無分於上下乎(무분어상하호) 위, 아래에도 구분이 없었는가?

(2) 何不(하불) : 반어문의 형식으로 '어찌 ~않는가'의 의미를 표현한다.

    何不秉燭遊(하불병촉유) 어찌 등불을 들고 놀지 않는가?

우리말 해석

백치 혜제

황제가 일찍이 화림원에 있다가 두꺼비 울음소리를 듣고 좌우에게 물었다. "지금 우는 놈은 관을 위해 우는가? 사적으로 우는가?" 어떤 이가 대답했다. "관가에 있는 놈은 관을 위해 울고 사가에 있는 놈은 사적으로 웁니다." 천하에 흉년이 들고 병란이 빈번해 백성들이 굶어 죽자 황제가 말했다. "어째서 고기죽을 먹지 않는가?"

서진의 백치 황제인 혜제 사마충(司馬衷, 259~307)의 유명한 일화다. 사마충은 9세 때 황태자가 되었고 32세에 즉위했다. 혜제는 어리석고 무능했으며 황후 가남풍은 정치적 야심이 강하고 잔인한 성격이었다. 가남풍은 혜제를 이용해 국정을 농단했다. 살벌한 공포 정치로 정적을 숙청하며 자신의 친정 가족들을 요직에 임명해 외척 정치의 시대를 열었다. 혜제는 황후를 통제할 능력도, 의지도 없었다. 결국 서진 정국은 혼란에 빠지고 쇠락과 멸망의 길을 걸었다.

제3절 한시 감상

「江雪(강설)」

柳宗元
유종원

千山鳥飛絶[1), 萬徑人蹤滅[2).
천 산 조 비 절　　만 경 인 종 멸

孤舟蓑笠翁[3), 獨釣寒江雪[4).
고 주 사 립 옹　　독 조 한 강 설

qiān shān niǎo fēi jué, wàn jīng rén zōng miè.
gū zhōu suō lì wēng, dú diào hán jiāng xuě.

어휘 설명

1) 千山(천산) : 천 개의 산 | 絶(절) : 끊어지다
2) 萬徑(만경) : 만 갈래의 길 | 人蹤(인종) : 사람의 발자취, 종적 | 滅(멸) : 없어지다, 사라지다
3) 蓑笠(사립) : 도롱이와 삿갓. '도롱이'는 왕골 같은 풀로 엮은 비옷이다. | 翁(옹) : 늙은이
4) 釣(조) : 낚시하다

강설

온 산에 새들이 사라지고, 모든 길에 인적도 끊어졌네.

외로운 배엔 도롱이에 삿갓 쓴 노인, 홀로 눈 내리는 강에서 낚시를 하네.

해 설

「강설」유종원(773~819) : 중당 시대의 문인. 한유와 함께 고문운동을 제창했으며 당송팔대가의 일원이다. 고향이 하동(河東)이라 유하동이라고도 부른다. 정치 개혁에 참여했으나 영정혁신의 실패로 14년간 유배 후 유주에서 47세에 사망했다. 뛰어난 산수유기(山水遊記) 작품을 남겼다. 이 시는 영주(永州, 지금 호남성)로 좌천되었을 때의 작품이다. 차갑고 적막한 자연 속에서 내면의 고독과 신념을 표현했다. 매 구절의 첫 자에 메시지를 담는 시를 감자시(嵌字詩)라고 한다. 이 시의 네 구절 첫 번째 글자를 읽어보면 '천만고독'이다. 당시 시인의 심경이었을 것이다.

弓(활 궁)과 관련된 글자

   弓(활 궁)은 활의 모양을 형상화했다. 활은 선사 시대부터 사냥, 전쟁에 사용된 무기다. 탄성 있는 나무 활대에 시위(줄)를 묶고 거기에 날카로운 촉이 달린 화살을 걸어 발사한다. 이때 시위가 팽팽한 모양을 묘사한 글자가 張(베풀 장)이다. 부수는 弓(궁)이다. 긴장(緊張)이라는 단어에 이 글자를 쓴다. 긴장은 활대에 묶인 시위처럼 팽팽한 마음의 상태를 말한다. 반면 시위가 느슨하게 풀어진 모양을 묘사한 글자는 弛(늦출 이)다. 이완(弛緩)되었다고 할 때 이 글자를 쓴다. 긴장이 풀려 느슨해진 상태를 말한다. 射(쏠 사)는 활에서 화살이 발사되는 모습이 아주 생동적으로 묘사되었다. 矢(화살 시)는 화살의 모습을 그렸는데 지금의 화살표 모양과 거의 흡사하다. 至(이를 지)는 '~까지 이르다, 도달하다'의 의미를 갖고 있는데 갑골문 자형은 화살이 땅에 박힌 모습이다. 화살이 날아와 특정한 장소까지 도달했음을 의미한다. 그런데 이 장소가 공동체 구성원들에게 서낭당처럼 조심스럽고 신성한 곳이었던 것 같다. 至(지)는 '지극하다'라는 의미도 갖고 있어 지성(至誠)이라는 단어에도 쓰인다.

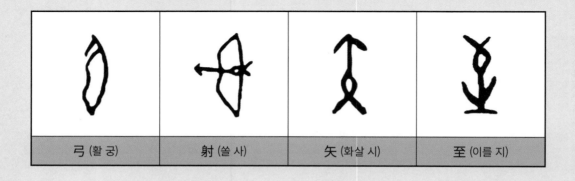

弓 (활 궁)	射 (쏠 사)	矢 (화살 시)	至 (이를 지)

고문 운동, 신악부 운동

당나라 때 안사의 난 이후의 시기를 중당(中唐)이라 부른다. 전란 직후였기 때문에 정치적 혼란과 경제적 침체가 이어졌고 문학에서도 개혁적인 경향이 등장했다. 대표적으로 고문 운동(古文運動)과 신악부 운동(新樂府運動)이 있다.

고문 운동은 당시 유행하던 문체인 변문(騈文)을 반대하고 산문 사용을 제창하는 문체 개혁 운동으로 한유, 유종원 등이 주도했다. 변문은 위진 남북조 이후 유행한 고도의 형식미를 갖춘 문체다. 글자 수에 규칙이 있어 1구를 4자, 또는 6자로 써야 했고, 두 구의 구조가 대칭을 이뤄야 했다. 전고(典故)를 많이 사용했으며 언어, 문자 방면에도 화려한 수사와 기교를 추구했다. 지나치게 형식이 까다롭다 보니 하고 싶은 말을 자유롭게 표현하기 어려웠고 진실한 감정과 정신이 없는 공허한 형식미의 문체가 되었다.

한유, 유종원이 부흥하려고 했던 고문은 선진, 양한 시기에 사용하던 산문을 말한다. 『논어』, 『맹자』, 『사기』의 문체다. 한유, 유종원은 "문이재도(文以載道, 문장에 도를 담는다)", "문이명도(文以明道, 문장을 통해 도를 밝힌다)" 등의 문학 관념을 제기하며 문학의 사회적 작용을 강조했다. 여기서 말하는 도는 공자와 맹자에서 내려오는 유학의 도다. 고대 성현의 정신이 담긴 글을 짓고, 이를 통해 사회적 기풍이 새로워지기를 기대한 것이다. 고문 운동은 복고적 성향의 문체 개혁 운동이지만 실제로는 유학을 부흥시켜 무너진 사회 질서를 재건하고 국가적 위기를 극복하고자 하는 문화·사상적 운동이라 할 수 있다.

신악부 운동은 백거이, 원진 등이 주도하여 현실 참여적인 시를 창작하자고 주장한 문학 혁신 운동이다. 악부는 원래 한나라 때 음악을 관장하는 관청의 이름인데 악부에서 수집한 민간의 시도 악부라고 불렀다. 동한의 반고는 한악부를 "기쁨과 슬픔을 느끼고, 현실의 일에 따라 노래한다"

라고 평했다. 민가이기 때문에 악부는 통속성이 강하고 백성들의 생활상이 반영된 장르다. 그래서 당나라 시인들도 시대와 사회 현실을 묘사할 때는 주로 악부 장르를 사용했다. 백거이는 사회 현실의 문제를 고발하는 작품 50수를 묶어 「신악부」라는 명칭을 붙였다. 「진중음」 10수 역시 이 방면의 대표적인 작품이다. 자신의 시집에서는 이 작품들에 풍유시라는 명칭을 붙였다.

백거이는 원진에게 보내는 편지 「여원구서」에서 "문장은 시대에 부합해 지어야 하고, 시가는 시대적 현실과 결합해 지어야 한다"라고 했다. 또 「신악부서」에서도 "군주와 신하를 위해, 백성과 만물을 위해, 시대적 현실을 위해 지어야지, 단순히 글을 위해 글을 써서는 안 된다"라고 했다. 백거이의 문학 관념은 명백하다. 문학 창작은 오락과 유희의 도구가 아니며, 사회를 변혁하고 백성들의 삶을 개선하는 데에 도움이 되어야 한다는 것이다.

백거이는 좌습유를 지낸 경력이 있었는데 이는 천자에게 실정을 직접 간언하는 직책이었다. 사회의 구조적인 문제들과 백성들의 생활을 자세히 파악할 수 있었기 때문에 당시 그가 쓴 시들은 매우 생동적으로 현실을 반영한다. 예를 들면, 「매탄옹(賣炭翁)」, 「경비(輕肥)」, 「신풍절비옹(新豊折臂翁)」 등은 국가와 관리들의 착취에 허덕이며 고통받는 민중의 현실, 빈부 격차가 심한 사회의 구조적 문제들을 날카롭게 비판하는 작품들이다. 숯 파는 노인을 묘사하며 쓴 "가련하구나, 몸에는 홑옷을 걸치고 숯값 떨어질까 걱정하며 더 춥기를 바라네"라는 구절은 촌철살인의 명구로 평가받는다.

제18과

제1절 단문 읽기

01

常人之情¹⁾, 愛之則見其是, 惡之則見其非.
상 인 지 정　애 지 즉 견 기 시　오 지 즉 견 기 비

『近思錄 · 政事』
근 사 록　정 사

cháng rén zhī qíng, ài zhī zé jiàn qí shì, wù zhī zé jiàn qí fēi.

어휘 설명

1) 常人(상인) : 보통 사람

어법 설명

(1) 是(시)

　① 이, 이것. 此(차)와 같다.

　　是心足以王矣(시심족이왕의) 이런 마음이면 왕도 정치를 할 수 있다.

358　한문 공부의 시작, 고전의 명문장

② 옳다

是非之心, 人皆有之(시비지심, 인개유지) 옳고 그름을 따지는 마음을 사람은 모두 갖고 있다.

③ ~이다

何日是歸年(하일시귀년) 어느 날이 돌아갈 해인가?

(2) 惡(악, 오)

① (악, è) 악, 악하다

聞惡如聾(문악여롱) 악한 일을 들으면 귀머거리처럼 하라.

② (오, wù) 미워하다, 싫어하다

惡醉而强酒(오취이강주) 취하는 것을 싫어하면서도 억지로 술을 마신다.

우리말 해석

보통 사람들의 마음으로는 좋아하면 그 옳음을 보고 미워하면 그 그름을 본다.

해 설

『근사록』: 1175년 남송의 성리학자 주희(朱熹, 1130~1200)가 여조겸(呂祖謙)과 함께 엮은 책. 두 사람은 주돈이(周敦頤), 장재(張載), 정호(程顥), 정이(程頤)의 글을 읽다가 초학자가 성리학에 쉽게 접근할 수 있도록 이들의 글에서 622조의 구절을 발췌하여 책으로 엮었다.

02

不知其子, 視其友¹⁾. 不知其君²⁾, 視其左右³⁾.
부 지 기 자　시 기 우　　부 지 기 군　　시 기 좌 우

『荀子 · 性惡』
순 자　　성 악

bù zhī qí zǐ, shì qí yǒu. bù zhī qí jūn, shì qí zuǒ yòu.

어휘 설명

1) 視(시) : 보다

2) 君(군) : 군주, 임금

3) 左右(좌우) : 측근, 신하

어법 설명

其(기)

① (3인칭 대명사) 그, 그것, 그 사람

入其國者從其俗(입기국자종기속) 그 나라에 들어가는 사람은 그 풍속을 따라야 한다.

② 자기, 자신

亦各言其志也(역각언기지야) 또한 각자 자신의 뜻을 말해보거라.

그 자식을 알지 못하면 그의 친구를 살피고 그 임금을 알지 못하면 그의 주변 신하들을 살핀다.

순자는 맹자와 대비되는 대표적 성악론자다. 「성악」 편은 "인간의 성품은 악하다. 선한 행동은 위선이다"라는 말로 시작한다. 그러나 순자는 인간의 가능성을 부정적으로 생각하지 않았다. 인간의 도덕성은 사회적 산물이기 때문에 학습이나 수양 등 후천적 노력에 따라 누구나 성인(聖人)이 될 수 있다고 보았다. 본문의 내용은 「성악」 편의 마지막 구절이다. 환경의 요소를 강조하는 말이다.

03

亡羊補牢¹⁾, 猶未遲也²⁾.

망 양 보 뢰　유 미 지 야

『戰國策 · 楚策』
전 국 책　초 책

wáng yáng bǔ láo, yóu wèi chí yě.

어휘 설명

1) 補(보) : 보수하다, 수리하다 | 牢(뢰) : (소와 말을 가둬 기르는) 우리
2) 猶(유) : 오히려, 아직도 | 遲(지) : 늦다

어법 설명

(1) 亡(망, 무)

　① (망) 잃다, 죽다

　　脣亡齒寒(순망치한) 입술을 잃으면 이가 차다.

　② (무) 없다. 無(무)와 같은 용법으로 사용된다.

　　天積氣耳, 亡處亡氣(천적기이, 무처무기) 하늘은 기가 쌓였을 뿐이며, 기가 없는 곳이 없다.

(2) 未(미) : 아직 ~않다

　龍未點眼者皆在(이룡미점안자개재) 아직 눈동자를 그리지 않은 용 두 마리는 모두 있었다.

양을 잃고 우리를 고쳐도 아직 늦지 않다.

『전국책』: 전국 시대의 유세가(遊說家)가 제후에게 유세한 책략을 나라별로 모은 책. 원저자는 알 수 없고 서한 문인 유향(劉向)이 모두 33편으로 편집하여 『전국책』을 썼다. 전국 시대라는 역사 용어도 여기서 유래한다.

04

身體髮膚¹⁾, 受之父母²⁾. 不敢毀傷³⁾, 孝之始也.
신 체 발 부   수 지 부 모   불 감 훼 상   효 지 시 야

『孝經·開宗明義』
효 경   개 종 명 의

shēn tǐ fà fū, shòu zhī fù mǔ. bù gǎn huǐ shāng, xiào zhī shǐ yě.

어휘 설명

1) **髮**(발) : 머리카락 | **膚**(부) : 피부
2) **受**(수) : 받다
3) **敢**(감) : (조동사) 감히 ~하다 | **毀傷**(훼상) : 훼손해 상하게 하다

어법 설명

敢(감) : (조동사) 감히 ~하다

不敢請固所願(불감청고소원) 감히 청하지는 못했지만 진실로 바라는 바입니다.

신체와 머리카락과 피부는 부모로부터 받았으니 감히 훼손하지 않는 것이 효의 시작이다.

『효경』: 효를 중심으로 유가의 윤리 철학을 저술한 경전. 일설에 공자가 지었다고도 하지만 증자(曾子) 후학들의 저술로 보는 견해가 유력하다. 효를 모든 사회적 행위의 기본으로 여기고 효의 근본적인 의미와 실천 방법 등의 문제를 다루고 있다. 본문에서는 신체의 터럭 하나도 훼손하지 않는 것이 효의 시작이라고 했다. 그렇다면 효의 마지막은 무엇일까. 본문의 내용 뒤에는 "입신하여 도를 행하고 후세에 이름을 떨쳐 부모를 드러내는 것이 효의 마지막이다"라는 구절이 이어진다.

제2절 문장 이해

01   結草報恩(결초보은)

魏武子有嬖妾¹⁾, 無子. 武子疾, 命顆曰²⁾, "必嫁是³⁾."
위 무 자 유 폐 첩　　무 자　무 자 질　명 과 왈　　필 가 시

疾病則曰⁴⁾, "必以爲殉⁵⁾." 及卒⁶⁾, 顆嫁之曰, "疾病則亂,
질 병 즉 왈　　필 이 위 순　　급 졸　과 가 지 왈　질 병 즉 란

吾從其治也⁷⁾." 及輔氏之役⁸⁾, 顆見老人結草以亢杜回⁹⁾,
오 종 기 치 야　급 보 씨 지 역　　과 견 노 인 결 초 이 항 두 회

杜回躓而顚¹⁰⁾, 故獲之¹¹⁾. 夜夢之曰, "余, 而所嫁婦人之父也.
두 회 지 이 전　　고 획 지　　야 몽 지 왈　여　이 소 가 부 인 지 부 야

爾用先人之治命¹²⁾, 余是以報."
이 용 선 인 지 치 명　　여 시 이 보

『左傳 · 宣公 15年』
좌 전　선 공　　년

wèi wǔ zǐ yǒu bì qiè, wú zǐ. wǔ zǐ jí, mìng kē yuē, "bì jià shì."
jí bìng zé yuē, "bì yǐ wéi xùn." jí zú, kē jià zhī yuē, "jí bìng zé luàn,
wú cóng qí zhì yě." jí fǔ shì zhī yì, kē jiàn lǎo rén jié cǎo yǐ kàng dù huí,
dù huí zhì ér diān, gù huò zhī. yè mèng zhī yuē, "yú, ér suǒ jià fù rén zhī fù yě.
ěr yòng xiān rén zhī zhì mìng, yú shì yǐ bào."

1) **魏武子**(위무자) : 진(晉)나라 대부 위주(魏犨). 공자 중이(重耳)를 모시고 19년을 떠돌다 돌아와 대부가 되었다. **┃ 嬖妾**(폐첩) : 총애하는 첩

2) **顆**(과) : 위주의 아들 위과(魏顆)

3) **嫁**(가) : 시집가다, 시집보내다

4) **疾病**(질병) : 고대에는 작은 병을 疾(질)이라 하고 위중한 병을 病(병)이라고 했다. 疾病(질병)은 위중한 병에 걸렸음을 말한다.

5) **以爲**(이위) : ~를 ~로 만들다(삼다). 以之爲(이지위)에서 之를 생략한 용법이다. **┃**
   殉(순) : 따라 죽다, 순장하다

6) **卒**(졸) : 죽다

7) **治**(치) : 치료, 치료하다

8) **輔氏之役**(보씨지역) : B.C. 594년 진(秦)나라가 진(晉)나라를 침범했을 때 진(晉)나라의 위과가 보씨(輔氏, 지금의 섬서陝西 지역)에서 진(秦)나라를 물리친 전쟁

9) **結草**(결초) : 풀을 묶다 **┃ 亢**(항) : 막다, 맞서다 **┃ 杜回**(두회) : 진(秦)나라의 맹장

10) **躓而顚**(지이전) : 넘어져 엎어지다

11) **獲**(획) : 사로잡다

12) **先人**(선인) : 선친, 돌아가신 아버지 **┃ 治命**(치명) : 병이 위중하지 않았을 때의 명령

(1) **而**(이), **爾**(이) : 모두 2인칭 대명사로 '너, 그대, 당신'으로 해석된다. 그 외에도 汝(여), 女(여), 公(공) 등이 있다.

予豈不知而作(여기부지이작) 내가 어찌 네가 했다는 것을 모르겠는가?

(2) 是以(시이) : 이 때문에, 이런 까닭으로, 그래서

是以哭之(시이곡지) 이런 까닭으로 울고 있습니다.

풀을 묶어 은혜에 보답하다

위무자에게 애첩이 있었는데 아들이 없었다. 위무자는 병에 걸리자 아들 위과에게 명했다. "반드시 이 여자를 시집보내라." 병이 깊어지자 "반드시 이 여자를 순장시켜라"라고 했다. 부친이 죽자 두과는 그녀를 시집보내며 말했다. "병이 위중하면 정신이 어지럽다. 나는 정신이 온전할 때의 명을 따른 것이다." 보씨 전투에서 위과는 한 노인이 풀을 묶어 두회를 막는 것을 보았다. 두회가 넘어지고 자빠졌기 때문에 사로잡을 수 있었다. 밤에 꿈에 나타나 말하기를, "나는 그대가 시집보낸 부인의 아버지입니다. 그대가 선친이 온전할 때의 명을 따랐으니 내가 이런 이유로 보답한 것입니다"라고 했다.

『좌전』 : 중국 최초의 편년체(編年體) 사서 『춘추(春秋)』에 주석을 달아 해설한 책. 『좌씨춘추』라고도 부른다. 사마천은 좌구명(左丘明)이 『좌씨춘추』를 썼다고 했지만 이견도 많다. 본문의 내용은 성어 결초보은(結草報恩)의 유래이다. '풀을 묶어 은혜를 갚는다'라는 의미인데 죽어서도 은혜를 잊지 않는다는 뜻이다.

02 失斧疑隣(실부의린)

人有亡斧者[1], 意其鄰之子[2]. 視其行步, 竊斧也[3]. 顏色,
인 유 망 부 자　　의 기 린 지 자　　시 기 행 보　　절 부 야　　안 색

竊斧也. 言語, 竊斧也. 動作態度, 無爲而不竊斧也.
절 부 야　　언 어　　절 부 야　　동 작 태 도　　무 위 이 부 절 부 야

俄而[4], 掘於谷而得其斧[5]. 他日復見其鄰人之子[6],
아 이　　굴 어 곡 이 득 기 부　　타 일 부 견 기 린 인 지 자

動作態度無似竊斧者[7]. 其鄰之子非變也[8], 己則變矣.
동 작 태 도 무 사 절 부 자　　기 린 지 자 비 변 야　　기 즉 변 의

『列子 · 說符』
열 자　　설 부

rén yǒu wáng fǔ zhě, yì qí lín zhī zǐ. shì qí xíng bù, qiè fǔ yě. yán sè,
qiè fǔ yě. yán yǔ, qiè fǔ yě. dòng zuò tài dù, wú wéi ér bú qiè fǔ yě.
é ér, jué yú gǔ ér dé qí fǔ. tā rì fù jiàn qí lín rén zhī zǐ,
dòng zuò tài dù wú sì qiè fǔ zhě. qí lín zhī zǐ fēi biàn yě, jǐ zé biàn yǐ.

어휘 설명

1) 斧(부) : 도끼

2) 意(의) : 생각하다 | 鄰(린) : 이웃

3) 竊(절) : 훔치다, 절도하다

4) **俄而**(아이) : 잠시 후

5) **掘**(굴) : (땅을) 파다, 파내다 ┃ **谷**(곡) : 계곡

6) **他日**(타일) : 다른 날

7) **似**(사) : 비슷하다, ~인 것 같다

8) **變**(변) : 변하다

어법 설명

(1) **亡**(망, 무)

① (망) 잃다, 죽다

存亡不可知(존망불가지) 살고 죽는 것은 알 수 없다.

② (무) 없다. 無(무)와 같은 용법으로 사용된다.

予美亡此(여미무차) 내 임은 여기 없다.

(2) **爲**(위)

① (wéi) 하다, 되다, ~이다

勤爲無價之寶(근위무가지보) 부지런함은 값을 매길 수 없는 보물이다.

② (wèi) 위하다

爲楚王作劍(위초왕작검) 초왕을 위해 검을 만들었다.

우리말 해석

도끼를 잃어버리고 이웃을 의심하다

도끼를 잃어버린 사람이 있었는데 이웃집 아들 짓이라고 생각했다. 그 걸음걸이를 보아도 도끼를 훔쳐 간 것 같았다. 표정도 도끼를 훔쳐 간 것 같았다. 말하는 것도 도끼를 훔쳐 간 것 같았다. 동

작과 태도도 하는 것마다 도끼를 훔쳐 간 것 같지 않음이 없었다. 얼마 뒤에 계곡을 파다가 도끼를 찾았다. 다른 날에 다시 그 이웃집 아들을 보았는데 동작과 태도가 도끼를 훔쳐 간 것 같지 않았다. 그 이웃집 아들은 변하지 않았고 자기가 변한 것이다.

해 설

『**열자**』: 전국 시대 도가 사상가 열자(?~?)가 지었다고 전해지는 책. 열자의 이름은 열어구(列禦寇)이며 『장자』에 열자가 바람을 타고 다닌다고 기록한 것으로 보아 장자보다 앞선 시대의 인물로 보인다. 운명과 자연에 순응하는 도가적 인생관을 제시했으며, 상상력이 풍부하고 흥미로운 이야기가 많이 수록되어 있다. 본문은 의심과 편견을 갖고 타인을 대하면 망상에 빠져 정상적인 판단을 하지 못한다는 내용의 고사이다. 의심의 눈으로 바라볼 때는 모든 것이 의심스럽게 보이지만 의심이 사라지면 전혀 그렇지 않다. 이해(利害)가 얽혀 있기 때문이다. 『한비자』에 나오는 지자의린(智子疑隣) 이야기와 비슷한 맥락이다.

제3절 한시 감상

「送杜少府之任蜀州¹⁾(송두소부지임촉주)」

王勃
왕 발

城闕輔三秦²⁾, 風煙望五津³⁾.
성 궐 보 삼 진   풍 연 망 오 진

與君離別意⁴⁾, 同是宦遊人⁵⁾.
여 군 이 별 의   동 시 환 유 인

海內存知己⁶⁾, 天涯若比鄰⁷⁾.
해 내 존 지 기   천 애 약 비 린

無爲在歧路⁸⁾, 兒女共霑巾⁹⁾.
무 위 재 기 로   아 녀 공 점 건

chéng què fǔ sān qín, fēng yān wàng wǔ jīn.
yǔ jūn lí bié yì, tóng shì huàn yóu rén.
hǎi nèi cún zhī jǐ, tiān yá ruò bǐ lín.
wú wéi zài qí lù, ér nǚ gòng zhān jīn.

어휘 설명

1) 杜少府(두소부) : 성명 미상의 인물. 소부는 관직명이다. | 之任(지임) : 부임하다 |

蜀州(촉주) : 지명. 지금의 사천(四川) 지역

2) 城闕(성궐) : 당나라의 수도 장안 | 輔(보) : 보위하다, 에워싸다 | 三秦(삼진) : 지명. 장안 부근의 관중(關中) 지역(지금의 섬서성 동관 일대) 항우가 진을 멸하고 관중을 옹(雍), 새(塞), 적(翟) 세 곳으로 분할하여 삼진이라 불렀다. 의미상 三秦輔城闕(삼진보성궐)의 도치.

3) 風煙(풍연) : 자욱한 안개 | 五津(오진) : 사천 경내 장강의 다섯 나루터. 두소부가 부임하는 촉주를 가리킨다.

4) 君(군) : (2인칭) 그대, 자네

5) 宦遊人(환유인) : 타향에서 벼슬살이하는 나그네

6) 海內(해내) : 사해(四海)의 안, 온 세상 | 知己(지기) : 나를 알아주는 사람, 친구

7) 天涯(천애) : 하늘 끝 | 比鄰(비린) : 가까운 이웃

8) 無爲(무위) : ~하지 말라 | 歧路(기로) : 갈림길

9) 兒女(아녀) : 아녀자 | 霑(점) : (눈물을) 적시다

우리말 해석

두소부의 촉주 부임을 전송하다

장안 성루를 삼진 옛 땅이 둘러싸고, 안개 속으로 촉주 나루터를 바라보네.

그대와 이별하는 마음이 아쉬운 건, 타향 벼슬살이 신세가 같아서라네.

사해 안에 벗이 있다면, 하늘 끝이라도 이웃과 같으리.

갈림길에 서서, 아녀자처럼 손수건에 눈물 적시지 마세.

해설

「송두소부지임촉주」 왕발(650~676) : 자가 자안(子安)이다. 초당 시대의 시인으로 양형(楊炯), 노조린(盧照鄰), 낙빈왕(駱賓王)과 더불어 초당사걸(初唐四傑)로 불린다. 오언율시와 오언절구에

능했으며, 변문 역시 뛰어나 걸작 「등왕각서(滕王閣序)」를 남겼다.

당시의 대표적 송별시로 제5구와 제6구가 특히 유명하다. 씩씩하게 이별을 받아들이는 청년의 기개가 느껴진다. 이별의 장소인 장안에서 친구의 부임지 촉주를 바라보는 구도이다. 왕발도 고향을 떠나 장안에서 벼슬살이하는 처지이고 친구도 벼슬살이하러 타지로 떠나는 상황이라 제4구와 같이 말했다. 옛사람들은 땅이 사각형이고 바깥은 바다라고 생각했다. 세상을 海內(해내)라고 말한 이유이다.

갑골문과 중국 문화

색깔과 관련된 글자

黑(검을 흑)은 '검다, 어둡다'를 뜻하는데 갑골문 자형은 어떤 사람이 서 있고 얼굴에 무언가가 많이 묻어 있는 모습이다. 불에 그슬려 검게 탄 사람이라는 해석도 있고 이마에 먹물을 들인 죄수라는 해석도 있다. 먹물의 먹을 뜻하는 한자는 墨(묵)인데 원래 얼굴에 먹물을 들이는 고대의 형벌이었다. 춘추 전국 시대의 사상가 묵자는 묵형을 받은 죄수였다고 한다. 흰색을 뜻하는 白(흰백)은 갑골문에서 쌀알의 모습이다. 껍질을 벗긴 쌀의 색깔이 세상에서 가장 희고 깨끗했던 모양이다. 손톱의 모양으로 해석하기도 한다. 붉은색을 뜻하는 赤(붉을 적)은 아래에 불이 있고 불 위에 사람이 있는 모습이다. 하늘에 제사를 지낼 때 사람을 제물로 바치는 모습으로 해석한다. 大(대)와 불의 결합으로 보아 큰불의 화염을 뜻한다는 해석도 있다. 靑(푸를 청)은 生(날 생)과 井(우물정)의 결합이다. 풀이 수분을 섭취하고 피어나 자라는 모습을 형상화했다. 光(빛 광)의 갑골문 자형은 사람의 머리 위에 무언가가 불타고 있는 모습이다. 赤(적)과 반대다. 빛은 어둠을 밝혀 만물을 볼 수 있게 하는 존재이기 때문에 머리 위에 불을 둔 것 같다.

黑 (검을 흑)	白 (흰 백)	赤 (붉을 적)	靑 (푸를 청)	光 (빛 광)

봉건제와 종법제

봉건제(封建制)는 중국 서주 시기의 통치 체제로 "영토를 봉하고 제후를 세운다(封國土, 建諸侯)"라는 말에서 유래했다. 봉(封)은 천자가 제후에게 영토를 하사하는 것을 말한다. 천자는 국토의 일부 지역만 자신이 통치하고 나머지 지역은 제후들에게 분봉하여 통치하게 했다. 제후국은 경제적으로, 군사적으로 독립적으로 운영되었다. 제후는 대부분 천자와 혈연 관계에 있으며 천자의 명령에 복종할 의무가 있다. 유사시에는 군사력을 동원해 천자를 보호해야 하며 천자가 주관하는 제사와 조회에 참석하고 공물을 바쳐야 한다. 제후는 영토의 일부 지역만 직접 통치하고 나머지 지역은 다시 혈족인 경대부에게 분봉한다. 경대부 역시 일부 지역만 직접 통치하고 나머지 지역은 혈족인 사(士)에게 분봉한다.

종법제(宗法制)는 봉건제와 맞물려 있는 시스템으로 신분과 재산이 적장자에게 계승되는 제도이다. 적(嫡)은 '정실 부인의 소생', 장자(長子)는 '맏이'라는 뜻이다. 천자가 죽으면 천자의 지위는 적장자에게 계승되고 나머지 아들들은 제후가 된다. 제후가 죽으면 제후의 자리는 적장자에게 계승되고 나머지 아들들은 경대부가 된다. 봉건제와 종법제는 이와 같이 '천자-제후-경대부-사'의 혈연으로 맺어진 신분 질서에 기반한다. 천자의 영향력이 미치는 범위는 천하(天下)라고 하고 제후의 영향력이 미치는 범위는 국(國)이라 하며, 경대부의 영향력이 미치는 범위는 가(家)라고 한다. 그래서 맹자는 양 혜왕을 만났을 때 "왕께서 어떻게 하면 내 나라에 이로울까 하시면, 대부들은 어떻게 하면 내 집에 이로울까 하게 되고, 사와 서인들은 어떻게 하면 내 몸에 이로울까 하게 됩니다"라고 했다.

그런데 후대로 갈수록 천자와 제후, 대부들의 혈연관계가 멀어지면서 봉건제에 기초한 통치 체제가 약해졌다. 춘추 시대에는 제후들이 천자의 권위를 인정하면서 서로 경쟁했지만 전국 시대에는 천자의 권위가 완전히 무너졌다. 서로 천하를 차지하려고 상대국을 공격했다. 결국 가장 강력한 제후국인 진(秦)이 천하를 통일하고 분열과 대립의 시대를 끝냈다.

군현제는 진시황제가 통일 후 시행한 강력한 중앙 집권 통치 제도이다. 전국을 36개의 군으로 나눈 후 군 아래에 현을 두었고 현 아래에는 향, 정, 리가 있었다. 각 군, 현은 중앙 정부에서 임명한 관리가 통치했는데 관리의 지위는 세습되지 않았고 그들을 임명하는 권한은 황제에게 있었다. 또 중앙 정부의 명령이 원활하게 시행될 수 있도록 각 지역의 화폐, 문자, 도량형을 통일했다. 군현제는 전국에 독자적 세력이 대립하는 봉건제의 문제점을 억제하기 위한 제도였다.

진을 이어 등장한 한나라는 봉건제와 군현제를 결합한 군국제를 시행했다. 수도에서 가까운 지역은 황제가 직접 통치하고 먼 지역은 제후를 두어 독립적으로 운영하게 했다. 군현제처럼 전국을 하나의 행정 체계로 운영하려면 막대한 비용이 필요했고, 초대 황제 유방은 건국을 도운 일족과 공신들에게 논공행상이 필요했기 때문이다. 하지만 한나라 황실은 중앙 정부에 위협적인 제후들을 숙청하면서 제후국의 힘을 지속적으로 약화시켰다. 위기를 느낀 제후국들은 가장 강성했던 오나라, 초나라를 중심으로 군사력을 연합하여 중앙 정부를 공격했다. B.C. 154년 오초칠국의 난이었다. 반란은 진압되었고 이후 한나라는 다시 군현제를 실시했으며 군현제는 청나라가 망할 때까지 이어졌다.

지은이 이규일

강원도에서 태어나 서울에서 자랐다. 국민대를 졸업하고 베이징대에서 석·박사학위를 받았으며, 현재 국민대 중국학부 교수로 재직 중이다. 중국 고전시 전공으로 위진 남북조 및 수 당 시대의 문학 현상과 이론을 주로 연구했다. 지은 책으로『육기 문학 창작 연구』,『문부역해』,『한시, 마음을 움직이다: 중국의 한시 외교』,『한시 교양 115』,『스토리텔링 교양 한문』 등이 있고,『이하 시선』,『육기 시선』,『서진 흥망사 강의』 등의 책을 번역했으며 이외에도 다수의 논문을 발표했다.

한문 공부의 시작, 고전의 명문장

1판 1쇄 발행 2025년 2월 27일

지은이 이규일

발행인 도영   **디자인** 손은실   **편집 및 교정 교열** 김미숙

발행처 솔빛길 등록 2012-000052   **주소** 서울시 마포구 동교로 142, 5층(서교동)

전화 02) 909-5517   Fax 0505) 300-9348   이메일 anemone70@hanmail.net

© 이규일

ISBN 978-89-98120-74-0 03720

'스토리텔링 교양 한문', **이규일** 지음

동아시아의 천지인삼재(天地人三才)라는 개념에서 착안해 한자 문화권의 문화 개념을 12개의 테마로 살펴본 책이다. 12개의 테마를 스토리텔링 형식으로 해설을 했다. 그런 형식의 해설로 한자를 흥미있게 공부하고, 그 흥미가 한자에 대한 이해로 이어지기를 바라면서 저술하였다.

값: 15,000원

서진 흥망사 강의, **쑨리 췬** 지음, **이규일** 옮김

위진 남북조가 시작되는 지점의 이야기를 다룬 책이다. 위·촉·오 삼국을 무너뜨리고 세운 서진 왕조는 짧은 전성기를 구가하고 다시 혼란의 시대로 진입했다. 왕조를 세운 것도 사마 씨 가문이고 무너뜨린 것도 사마 씨 가문이다. 사마 씨 가문의 흥망성쇠는 격렬한 권력 투쟁으로 가득하고 당시의 사회 변동을 깊이 반영하고 있다. 이 시기의 수많은 인물들의 이야기는 매우 흥미진진할 뿐만 아니라 역사적인 측면에서, 권력의 행사에 대해 깊이 되새겨볼 만하다.

값: 15,000원